山西青少年旅游丛书

"华夏第一都"与 "盐运之城"

晋南篇

李永明 / 主编

赵斌 / 编著

山西出版传媒集团

山西人民出版社

图书在版编目（CIP）数据

"华夏第一都"与"盐运之城" / 赵斌编著. — 太
原：山西人民出版社，2024.6
（山西青少年旅游丛书 / 李永明主编）
ISBN 978-7-203-12647-8

Ⅰ. ①华… Ⅱ. ①赵… Ⅲ. ①旅游指南－阳泉－青少
年读物②旅游指南－晋中－青少年读物 Ⅳ.
①K928.925-49

中国国家版本馆CIP数据核字(2024)第026895号

"华夏第一都"与"盐运之城"

编　　著：赵　斌
责任编辑：刘　远
复　　审：傅晓红
终　　审：梁晋华
装帧设计：张子亮

出 版 者：山西出版传媒集团·山西人民出版社
地　　址：太原市建设南路 21 号
邮　　编：030012
发行营销：0351 – 4922220　4955996　4956039　4922127（传真）
天猫官网：https://sxrmcbs.tmall.com　电话：0351 – 4922159
E – mail：sxskcb@163.com　发行部
　　　　　sxskcb@126.com　总编室
网　　址：www.sxskcb.com

经 销 者：山西出版传媒集团·山西人民出版社
承 印 厂：山西出版传媒集团·山西人民印刷有限责任公司

开　　本：787mm×1092mm　　　1/16
印　　张：7.5
字　　数：160 千字
版　　次：2024 年 6 月　第 1 版
印　　次：2024 年 6 月　第 1 次印刷
书　　号：ISBN 978-7-203-12647-8
定　　价：78.00 元

如有印装质量问题请与本社联系调换

01 概述

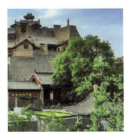

汾城古建筑群城隍庙

　　晋南有广义和狭义之分，广义上的晋南包括山西省南部的长治、临汾、晋城、运城四市，狭义上的晋南包括山西省临汾市、运城市和吕梁市的石楼县、交口县，即"山西省晋南专区"，也就是人们通常所说的晋西南。"山西省晋南专区"是中华人民共和国成立后所设，其后经过了一系列变革。20世纪70年代初，"山西省晋南专区"分设山西省临汾地区和运城地区，而石楼县和交口县的部分地域被划分到吕梁地区。并且，多年以来，山西人民也习惯于将位于韩信岭以南的临汾地区和运城地区称为"晋南"，因此，本章论述便以临汾市和运城市为晋南地区。

　　晋南地区位于山西省西南部的晋西南盆地，处于汾河下游，傍山地带泉水丰富，气候温和，具有暖温带大陆性半湿润季风气候特征。再加上晋南地区土壤为褐土，土层厚，适宜农作物的生长，因此素有"山西粮仓"之称。

山西晋南历史悠久，人才辈出，是中华文明的发祥地之一。运城市垣曲县"世纪曙猿"化石的发现，表明晋南是人类"初曙"的起源地。十多万年前，我们的先祖丁村人就在山西晋西南汾河谷地劳动、繁衍、生息。传说中的中华民族的始祖黄帝、炎帝都曾把山西作为活动的主要地区。中国史前三位首领尧、舜、禹，都曾在山西晋南建都立业。中国奴隶制社会第一个王朝——夏也诞生在这里。商朝时期，山西晋南为冀州之地。西周时，"桐叶封弟"的典故也与山西有关。周成王封其弟叔虞于唐，建立古唐国，叔虞的儿子燮因境内有晋水，就把唐改称晋，这就是春秋时期称霸一方的晋国，也是山西的简称晋的来源。山西晋南因在黄河东岸，故又称为河东，秦、汉时期设河东郡，唐置河东道，宋、元、明、清为山西平阳府。晋南古文化资源丰富，特色明显，拥有众多的旅游资源。

中国进入半殖民地半封建社会以后，山西的经济、文化发展受到严重破坏，山西人民遭受了前所未有的苦难。抗日战争和解放战争期间，为了争取民族的独立和解放，山西人民进行了更加顽强的斗争。晋南地区发生了无数可歌可泣的英雄故事，这些革命先烈和英勇斗士为晋南地区留下了丰厚的红色旅游资源。

为了缅怀革命先烈的英勇斗争，纪念来之不易的胜利果实，为了领略历史悠久的中华文明，厚植爱国主义情怀，就让我们一同走进晋南地区，领略晋南地区的红色资源和名胜古迹！

"华夏第一都"——临汾

临汾是山西省下辖地级市，省域副中心城市，因地处汾水之滨而得名。临汾市位于山西省西南部，东临太岳，与长治、晋城相邻；西靠黄河，与陕西延安、渭南隔河相望；北起韩信岭，与晋中、吕梁毗邻；南接运城市。临汾市地形轮廓大体呈"凹"字形，四周环山，中间平川，全境分山地、丘陵、盆地三大地形。临汾盆地纵贯临汾市中部，将整体隆起的高原分为东西两部分山地。东部由北向南为太岳山、中条山，西部是吕梁山脉。临汾境内有黄河、汾河、昕水河、沁河、浍河、鄂河、清水河七条河流和郭庄、龙祠、霍泉三大名泉。临汾市地处暖温带内陆地区，属温带大陆性季风气候，四季分明，其气候特征主要表现为：冬寒少雪，春风秋雨，夏热伏旱。如今，临汾市有1个市辖区，即尧都区；14个县，即曲沃县、翼城县、襄汾县、洪洞县、古县、安泽县、浮山县、吉县、乡宁县、大宁县、隰县、永和县、蒲县、汾西县；代管2个县级市，即侯马市、霍州市。

《帝王世纪》称："尧都平阳。"平阳也就是现在的临汾。因此，临汾有"华夏第一都"之称。大约10万年以前，临汾就有"丁村人"繁衍生息。襄汾陶寺遗址的发现，表明临汾曾是尧、舜、禹活动的中心。六百多年前，以临汾"洪洞大槐树"为起点先后发生了十八次大移民，"问我祖先在何处，山西洪洞大槐树"，这首民谣就此传遍中华大地。不论是拥有十多万年历史的丁村遗址，还是被喻为"最早的中国"的襄汾陶寺遗址，无不证明临汾为中华文明的发源地之一。除了历史遗迹，黄河壶口瀑布、临汾汾河公园、云丘山等自然风景区的开发，也表明了临汾市得天独厚的地理优势。临汾市的风景名胜数不胜数，悠久厚重的历史文化与雄奇秀美的黄河风光，共同构成了"中国根·黄河魂"这一文化旅游品牌。

一、红色景点

近代以来，中国经历了列强入侵、丧权辱国、争取独立、民族解放、民族振兴等一系列的艰难过程。在中国共产党的领导下，临汾市人民亦书写了光辉灿烂的一笔，为夺取抗日战争、解放战争的胜利做出了不可磨灭的历史贡献。临汾市拥有众多的革命遗迹、红色资源，为弘扬红色传统、发展红色旅游、传承红色基因提供了有效载体。

临汾市红色旅游景区有：临汾战役纪念馆（临汾烈士陵园）、中共中央北方局驻地旧址、周恩来演讲地旧址、临浮战役官雀纪念馆、枕头村抗战纪念馆、彭真故居纪念馆、马小宝烈士陵园、中共山西临时省委扩大会议旧址、三眼窑十三烈士墓、南塔烈士陵园、马牧八路军总部旧址、红军八路军纪念馆（白石温家大院）、洪洞县革命烈士纪念亭、韩略烈士陵园、沙窑烈士陵园、石桥烈士陵园、任建新故居、张再烈士陵园、中共汾城县委诞生地遗址、山西政治保卫第二支队成立地遗址、中共乡吉特委机关驻地、中共乡宁县委诞生地、山西新军213旅旅部驻地、朱德槐、井疙瘩寨子、蒲县烈士陵园、汾西县革命烈士陵园、刘家庄二十间革命旧址、暖泉头烈士陵园、晋西革命纪念馆、隰县革命烈士陵园、午城战斗遗址、决死二纵队司令部旧址（毛泽东、彭德怀路居地）、红军东征永和纪念馆、赵家沟毛泽东路居地、堡村嶂阻击战遗址、西南堡和张家塬阻击战遗址、沁河庄刘少奇路居地、太岳行署小李村旧址、太岳军区司令部桑曲旧址、安泽县烈士陵园、王光烈士陵园、古县烈士陵园、古县北平革命烈士公墓、贾寨村烈士墓、浮山县革命烈士纪念馆、吕灵中烈士纪念陵园、赵东鲁烈士陵园、青城县抗日政府旧址、翼城县烈士陵园、石桥堡中共曲沃县委旧址、西杨烈士陵园等。以下将对几处红色景点重点进行介绍。

1.彭真故居纪念馆

侯马彭真故居纪念馆为国家AAAA级旅游景区、山西省文物保护单位、山西省爱国主义教育基地。彭真同志是伟大的无产阶级革命家、政治家，杰出的国务活动家，坚定的马克思主义者，我国社会主义法制的主要奠基人，党和国家的卓越领导人。

彭真故居纪念馆位于山西省侯马市垤上村，是彭真同志出生和青少年时期生活、

红军东征永和纪念馆

学习、成长的地方。纪念馆总建筑面积9986平方米，其中展厅面积5675平方米。彭真故居纪念馆共设有4个展厅，分别为一、二、三展厅和故居保护厅。一、二展厅以彭真同志生平业绩为主线，充分展示了彭真同志为中华民族的解放和新中国的诞生，为社会主义革命、建设和改革开放事业以及社会主义法治建设所做出的历史功勋，共陈列实物220余件、文献手稿130余份，彭真同志在各个历史时期珍贵照片480余幅，配有30000余字文字介绍，场景复原10处，国画、油画8幅，铜像1尊，并辅以声光电及影视资料等多种展示手段；三展厅为彭真及家庭廉洁自律事迹介绍，展厅内设有多媒体学术报告厅、接待厅；故居保护厅用现代材料和技术手段对彭真同志出生和生活过20年的窑洞及小院进行了全封闭保护，并对1986年5月31日彭真同志第三次回故乡时的场景用雕塑形式进行了艺术再现，陈列着彭真同志三次回乡时的照片和青少年时期的一些书籍和物品。

2.临汾战役纪念馆

临汾战役纪念馆，又名临汾烈士陵园，位于临汾市区城南尧庙北面。临汾市尧都区烈士陵园是由徐向前元帅提议，为了纪念临汾战役中牺牲的烈士们而建造的。其始建于1958年，后经过多次改造修建，现已成为一座风景优美、肃穆雅静的园林。临汾市尧都区烈士陵园是省政府、民政部确定的重点爱国主义、国防教育基地，2011年被国务院列为重点国家级烈士纪念建筑物保护单位。

3.红军东征永和纪念馆

红军东征永和纪念馆位于临汾市永和县阁底乡东征村,于2005年重新修建,占地2500平方米。纪念馆共有三个展厅,分别是"英明决策铸辉煌""红军东征在永和"和"老区人民爱红军"。各展厅用大量的图片、实物、雕塑等作品真实地再现了一幅幅可歌可泣的东征历史画卷,全面展示了当年东征红军的丰功伟绩。红军东征永和纪念馆是山西省爱国主义教育基地。

4.晋西革命纪念馆

晋西革命纪念馆位于临汾市隰县县城西南1.8千米处的车家坡村龙凤山腰,2009年12月被山西省委、省政府授予"山西省爱国主义教育基地"。纪念馆总建筑面积3420平方米,主体建筑面积3252平方米,陈展面积2780平方米;设有土地革命、抗日战争、解放战争3个展厅,展示中国共产党的伟大事迹,包括党的早期活动,即创建革命武装、红军东征、晋西会议、午城战役、根据地建设、晋西事变、东川战役、全区解放、踊跃支前、伟大胜利等内容。

5.石桥堡中共曲沃县委旧址

石桥堡中共曲沃地下县委旧址位于曲沃县杨谈乡石桥堡村,现为山西省爱国主义教育基地。在抗战时期,中共曲沃地下县委、牺牲救国同盟会曲沃中心区、中共曲沃特别委员会、中共中央北方局的联络总站曾经在这里设立过。有着多重身份的石桥堡,不仅领导

石桥堡中共曲沃县委旧址

着曲沃地方及周边多个县的抗日斗争，而且向抗日前线及各个抗日根据地传递情报、转运物资、护送革命干部，对整个晋冀鲁豫的抗日战争发挥了重要作用，为中国抗日战争和解放战争的胜利做出了不可磨灭的贡献。近年来，石桥堡以"红色精神传承、红色资源开发、红色基地建设"为引领，深挖老区资源，2009年对老县委旧址进行保护性修复，建成了石桥堡革命纪念馆。2016年引资3700万元，先后完成了人工湖、铁索桥、演艺场、地道、窑洞宾馆、红墙广场、红旗广场、拓展训练基地等工程，编排了《抗日烽火》《智勇书记李顺天》等抗日情景剧，成为全市开展党员干部教育的重要基地之一。

二、热门景点

国家AAAAA级旅游景区：洪洞大槐树寻根祭祖园景区、云丘山风景区。

国家AAAA级旅游景区：尧庙·华门、临汾汾河公园、古县牡丹文化旅游区、广胜寺、龙澍峪旅游景区等。

国家级森林公园：太岳山国家森林公园。

全国重点文物保护单位：晋国遗址、丁村遗址、丁村民宅、陶寺遗址、晋国博物馆、牛王庙戏台、霍州州署大堂、柿子滩遗址、大悲院、洪洞玉皇庙、柏山东岳庙、霍州窑址、老君洞、乡宁寿圣寺、汾城古建筑群、东羊后土庙、霍州观音庙、四圣宫、普净寺、王曲东岳庙、南撖东岳庙、乔泽庙戏台、尧陵、铁佛寺、师家沟古建筑群、娲皇庙、小西天（又名千佛庵）等。

省级文物保护单位：高堆遗址、金城堡遗址、下靳遗址、仙洞沟碧岩寺、彭真故居、祝圣寺、霍州鼓楼、韩壁遗址、追封吉天英碑、挂甲山摩崖造像、大墓塬墓地、克难坡、狄城遗址、安坪遗址、麻衣寺砖塔、郎寨塔、翠微山遗址、芝麻滩遗址、清微观、文庙大成殿、桥北遗址、热留关帝庙、隰县鼓楼、寺头遗址、赵康古城遗址、晋襄公墓、沙女遗址、南大柴遗址、大张遗址、关帝楼、普净寺、永和文庙大成殿、真武祠、南石遗址、裕公和尚道行碑、翼城枣园新石器遗址、苇沟北寿城遗址、河云遗址、四牌坊、故城遗址、曲沃古城遗址、里村西沟遗址、方城遗址、四牌楼、薛家大院、东许遗址、望绛墓地、薛关遗址、明代监狱、永凝堡遗址、坊堆遗址、上村遗址、侯村遗址、明代移民遗址、碧霞圣母宫、泰云寺、师村遗址、上张遗址、洪洞关帝庙、净石宫、马牧华严寺、女娲陵、商山庙、腰东汉墓群等。

其他风景区：麻衣寺、尧山森林公园、荀子文化园、金代砖墓、真人祠、永和关、龙子祠、延庆观、海东摩崖、姑射山、五鹿山、皇天后土庙、水神庙、马头关、蔺相如故里、元代戏台、平阳鼓楼、大云寺、剪桐封国、四十里山、龙澍峪、观日亭、结义庙、景明旅游区等。

1.晋国博物馆

山西侯马晋国古都博物馆以弘扬晋文化为主线，是一座集中展示晋国新田文化的专题性博物馆。馆内采用实物与图版相结合的方式，从叔虞封唐到春秋争霸、三晋崛起，从新田古都的挖掘到古都的文化、祭祀、墓葬等，将这一典型地域的历史都城文化展现得淋漓尽致，为喜爱历史的观众提供最佳的休闲学习场所。侯马晋国古都博物馆现有藏品1407件/套、珍贵文物139件/套，共举办展览139个，开展教育活动15次，参观人数13.2万人次。

晋国博物馆

2.丁村遗址与丁村民宅

丁村遗址位于山西省临汾市襄汾县城4公里外的丁村附近的汾河河畔，距临汾市35千米，北起史村，南至柴庄，长约11千米，是含有古人类化石的旧石器时代遗址。这里有明清两代的民宅二十六座，全部建筑均保存完好。较早者为明万历二十一年（1593）至万历四十年（1612），较晚者为清代康熙、咸丰年间。

丁村民宅位于临汾南35千米，北距襄汾县城约4千米。以丁村民宅为基础的丁村民俗博物馆建于1985年，

丁村民俗博物馆

是中国建立的第一座反映汉民族民俗风情的专业性博物馆，具有开创性的意义。

3.汾城古建筑群

汾城古建筑群位于汾城镇，地处襄汾县城西南16千米处，属于第六批全国重点文物保护单位。襄汾县城唐初为尉迟恭的封地鄂公堡，唐贞观七年（633），县城由古城迁于此，名为太平县。由于历朝的建设，汾城留下了大批的古建筑，被誉为山西省十大古建群之一，总面积大约为2万平方米。现存建筑以鼓楼为中心，由北向南依次为城隍庙、文庙、明伦庙、鼓楼、学前砖塔、县衙大堂、关帝庙、社稷庙、洪济桥、城墙等，共有40余座古建筑。

三、非遗目录

临汾市非物质文化遗产种类繁多，被誉为"梅花之乡""锣鼓之乡"等。

临汾市国家级非物质文化遗产项目有晋南威风锣鼓、天塔狮舞、翼城花鼓、蒲州梆子、平阳木版年画、大槐树祭祖习俗、洪洞走亲习俗、洪洞道情、翼城琴书、曲沃琴书、通背缠拳、尉村跑鼓车、曲沃碗碗腔、任庄扇鼓傩戏、晋南眉户、麒麟采八宝、晋作家具制作技艺等。

四、传统美食

襄汾油粉饭、黄米蒸饭、吴家熏肉、霍州饸饹面、翼城生炒面、曲沃羊汤、牛肉丸子面等。

"盐运之城"——运城

运城市为山西省辖地级市，位于山西西南部，北依吕梁山与临汾接壤，东峙中条山和晋城毗邻，西、南分别与陕西渭南、河南三门峡隔黄河相望。运城具有平原、山地、丘陵、盆地、台地等多种地貌类型，地形比较复杂，相对高差明显。运城全年受季风活动影响，属暖温带大陆性季风气候。冬季受西伯利亚干冷气流控制，盛行西北季风，气候寒冷、干燥；夏季受太平洋暖湿气流控制，盛行东南季风，气候特点是高温、多雨，降雨集中且多暴雨和雷阵雨。

运城市古称"河东"，因"盐运之城"闻名。黄帝、炎帝、蚩尤，以及后来的尧、舜、禹，都相继在这片土地上有所成就。中国第一个奴隶制王朝——夏朝也诞生在这里。运城市垣曲县发现的"世纪曙猿"化石，证明4500万年前已经出现了人类的祖先，将人类起源的时间足足向前推进了一千多万年。芮城县的西侯度文化遗址，是考古界发现的人类最早用火的实证。

运城地区钟灵毓秀，孕育了无数古代名人，有三国名将关羽，唐代文豪王勃、王

运城博物馆

维、柳宗元，八仙之一吕洞宾，史学大家司马光，戏曲名家关汉卿等。

如今，运城市辖1个市辖区，即盐湖区；2个县级市，即永济市、河津市；10个县，即绛县、夏县、新绛县、稷山县、芮城县、临猗县、万荣县、闻喜县、垣曲县、平陆县。

一、红色景点

在抗日战争和解放战争中，运城地区发挥了非常重要的作用。在抗日战争中，运城人民投身战争的斗士多达数十万人，还为各抗日部队贡献了大量的物资。在解放战争中，我军取得运城战役的成功，一举摧毁了晋南反动政权的军事实力与社会基础，还为夺取临汾战役的胜利创造了条件。

运城市红色旅游景区有：运城烈士陵园、运城博物馆、上王乡牛庄村爱国主义教育基地、西张耿农业技术夜校、中共虞临永支部旧址、中共河津地下县委旧址、回马岭红色革命基地、夏县堆云洞中共河东特委活动旧址、新绛县革命纪念馆、稷山县北阳城八路军总部路居旧址、马家巷爱国主义教育基地、芮城党员干部理想信念教育基地、傅作义故居、万荣解店镇上义村红色文化教育基地、万荣县荣河镇郑村闫又文故居、陈家庄中共太岳三地委机关旧址、垣曲县革命老区纪念馆（中条山抗战纪念馆）、平陆朱总司令路居、杜马战役英烈西牛纪念园、六十一个阶级弟兄纪念馆等等。以下将对几处景点重点进行介绍。

1.运城博物馆

运城博物馆位于山西省运城市盐湖区魏风街，成立于2013年12月，2016年7月1

日起向观众免费开放。运城博物馆建筑面积23570平方米，其中展览区面积15000平方米，文物库房面积5000平方米。运城博物馆馆体建筑布局取"太极之意，星云之势，摇篮之形"，建筑造型仿照扎根于黄土高原之上的老树根。该博物馆基本陈列以"大河之东"为主题，由华夏寻根、馆藏珍品、盐盐春秋、地灵人杰、土木华章、条山风云6个历史专题展和运城农业、工业、

运城烈士陵园

城建和文化4个特色主题展组成。截至2019年8月，运城博物馆馆藏文物17691件，其中珍贵文物572件。运城博物馆现为市级爱国主义教育基地。

2.运城烈士陵园

运城烈士陵园位于运城市区红旗西街581号，1957年由原安邑县杨包滩烈士陵园迁建于此，是全省八大烈士陵园之一，1986年被省政府命名为"山西省烈士纪念建筑物重点保护单位"，园内安放解放运城和各个革命时期及和平建设年代牺牲的1300余位烈士的骨灰。1997年，陵园进行了改陈扩建，总占地面积达35万平方米。园内三大标志性烈士纪念建筑物分别是栩栩如生的运城攻坚战英雄群雕、高大雄伟的运城解放纪念碑和庄严肃穆的英灵堂。运城烈士陵园1987年被山西省人民政府定为"山西省重点烈士纪念建筑物保护单位"，现为山西省爱国主义教育基地。

3.陈家庄中共太岳三地委机关旧址

陈家庄中共太岳三地委机关旧址为山西省文物保护单位、红色旅游经典景区。闻喜陈家庄中共太岳三地委旧址，位于山西省运城市闻喜县郭家庄镇陈家村，是闻喜县抗日战争和解放战争时期的重要遗存，是运城市一处综合性革命纪念地。2009年，陈家庄被中共山西省委、省政府命名为"山西省爱国主义教育示范基地"。2013年，陈家庄被中共山西省委党史办命名为"山西省党史教育基地"。2016年6月6日，陈家庄中共太岳三地委旧址被山西省人民政府公布为第五批省级文物保护单位。近年来，国家投资500余万元，建设了稷麓英烈纪念广场；后又投资200万元修缮中共太岳三地委旧址、太岳三分区司令部旧址。

4.六十一个阶级弟兄纪念馆

六十一个阶级弟兄纪念馆位于运城市平陆县常乐镇张家沟村，是纪念"为了六十一个阶级弟兄"事件而建。该馆是由平陆县委宣传部逐级申报，并由山西省委省政府于2012年10月批准的第三批爱国主义教育基地，是平陆县迄今为止唯一一个省级爱国主义教育基地。"为了六十一个阶级弟兄"事件是指20世纪60年代初，平陆县张村

夏县堆云洞中共河东特委活动旧址

镇六十一个筑路民工集体食物中毒，全国上下团结一致、齐心协力抢救民工兄弟的事件，奏响了一曲"一方有难、八方支援"的共产主义凯歌。

5.杜马战役英烈西牛纪念园

杜马战役，又名杜马阻击战，是解放战争时期发生在山西省平陆县境内的一场著名战役，因此战役主要发生在平陆县的杜马乡境内，史称杜马战役。战争持续了近一个月，我胜敌败的结果为运城解放打下了基础。新中国成立后，为纪念杜马战役中英勇牺牲的革命先烈，当地政府在杜马乡柳沟村、张店镇西牛村分别建立陵园。杜马战役英烈西牛纪念园位于平陆县张店镇西牛村，现为省级爱国主义教育基地。

6.夏县堆云洞中共河东特委活动旧址

夏县堆云洞中共河东特委革命活动旧址，位于山西省运城市夏县水头镇上牛村，现为省级爱国主义教育基地。1922年，革命先烈嘉康杰在此创办了"平民中学"，把这里作为传播新思想、新文化的讲坛，先后招收北方九省学生达1200余人，其中大部分学生后来都成为革命活动的中坚力量。1928年6月，中共山西省委委员汪铭在堆云洞主持召开了河东地区党组织会议，正式成立了中共河东特委。1929年4月，时任省委书记的汪铭再次在堆云洞召开了河东特委会议，根据斗争形势的需要，改特委为特支。堆云洞作为河东特委的秘密活动中心，在长达十年的时间里，见证了晋南人民开展的轰轰烈烈的革命斗争，至今遗留有秘密印刷厂、地道、井中通道和藏身暗洞等革命遗迹。嘉康杰、柴泽民、孙雨亭、贾蒿、金长庚、赵廷臣等革命前辈都曾在此生活战斗过，为晋南乃至全国革命事业做出了不可磨灭的贡献。嘉康杰革命活动旧址被后人誉为晋南革命的摇篮，1985年被山西省政府评为全省重点文物保护单位，2004年被确定为山西省爱国主义教育基地，2008年10月又被确定为首批全省高校思想政治理论课实践教学基地。

二、热门景点

运城市共有文物旅游景点1600余处，市级以上重点文物保护单位178处，其中全国重点文物保护单位90处，是拥有全国重点文物保护单位数量最多的地级市。

国家AAAA级旅游景区：盐湖、五老峰、永乐宫、李家大院、关帝庙、鹳雀楼、历山、圣天湖、普救寺、神潭大峡谷、大禹渡、司马温公祠、舜帝陵。

国家AAA级旅游景区：堆云洞、瑶台山、印象风陵黄河文化体验园、孤峰山、周仓文化园、地窖院一杜马东坪头。

李家大院

国家AA级旅游景区：万固寺、龙兴寺、绛守居园池、紫云寺、黄河大铁牛、九龙山、傅作义故居。

其他旅游景区：东岳庙、马泉沟、老龙潭、大天鹅景区、尧王台、薛仁贵故里、岚山根、泗交镇生态养生度假区、诸冯山、天盘山、太阴寺、东华山滑雪场、望仙大峡谷、绛北大峡谷、清泉漂流、清濂洞、新绛天主教堂、绛州大堂、绛州文庙、绛州三楼、城隍庙、大佛寺（天下第一土雕大佛）、宋金墓（神奇墓群）、稷王庙（祭拜农神之所）、青龙寺（元代壁画宝库）、后土祠（中华祠祖）、高禖庙、龙门、双峰山、玉泉寺、临晋县衙、池神庙、介子推故里、禹王城、金楼山、宰相村、龙陡峡、寿圣寺舍利塔、陈家庄。

1.李家大院

李家大院是晋南独一无二的巨商豪宅，位于运城市西北38千米处的万荣县闫景村，是国家AAAA级旅游景区。李家大院景区建筑面积10万多平方米，由古建区、仿古区、新建区、服务区、农业生态园、笑话博览园六大部分组成，是一个集吃、住、游、娱乐、购物、健身为一体的多功能文化旅游胜地。

李家大院西临209国道，东靠桃花谷，北依奇峰突兀的孤峰山，南眺百里盐湖，堪

圣天湖

称风水宝地。李家大院建于清道光年间，距今约200年，原有院落20组，现存院落11组，另有祠堂、花园等。整个建筑为竖井式聚财型四合院，同时又吸纳了徽式建筑风格，融合了中国南北建筑特色。

2.圣天湖

圣天湖位于秦、晋、豫三省交界处的山西省芮城县陌南镇，东临黄河，北靠中条，面积7.6平方千米，其中水域面积4平方千米。这里距离180万年前人类第一堆圣火燃起的地方——西侯度不足百里。圣天湖自古风光旖旎、人杰地灵，是黄土高原上的一颗明珠。2012年，山西天王台集团开始投资建设圣天湖，一期投资2亿元人民币，历经五年的精心打造，圣天湖已是焕然一新。目前，圣天湖景区已成为一个集生态观光、休闲度假、修心养生为一体的旅游胜地。圣天湖相对高差200余米，景区内光照充足，雨量适宜，地貌多样，空气清新。这里物种丰富，栖息着238种鸟类，有147种湿地植物和52种鱼类资源，堪称我国北方少有的湿地野生动植物基因库。圣天湖四季皆有美景可供观赏，是国家AAAA级旅游景区。

3.神潭大峡谷

中条山神潭大峡谷景区是山西省永济市东南方向中条山北麓的一个山谷，是国家AAAA级旅游景区。它的范围包括整个水峪口村以及村后的深山、峡谷和森林。

神潭大峡谷是距今5.7亿年前寒武纪时期因地壳运动而形成的一个大裂谷，原名水谷。峡谷内水资源极其丰富，以两瀑三泉一百零八潭为代表；地质构造复杂多样，地形地貌独特壮美，主峰"九洲疙瘩"海拔1778.3米，傲立于群山之中，九个峰顶常年浮于云海之上，亦真亦幻。奇峰、怪石、翠海、叠瀑等组合成神妙、幽美的自然风光，被誉为"中条奇峡""梦幻水乡"。神潭大峡谷生态环境优良，旅游资源丰富，是夏季消夏避暑的好去处。

三、非遗目录

运城市非物质文化遗产有闻喜花馍、绛州澄泥砚制作技艺、绛州鼓乐、绛州剔犀髹饰制作技艺、稷山螺钿漆器制作技艺、稷山高台花鼓、稷山高跷走兽、稷山传统面点制作技艺（如稷山麻花）、点舌丸制作技艺、永济背冰、蒲州梆子、烫烙画、运城眉户、永乐桃木雕刻、窑洞营造技艺、新绛面塑、线腔、万荣抬阁、万荣软槌锣鼓、万荣花鼓、琉璃烧制技艺等等。

四、传统美食

运城市有闻喜花馍、临猗苹果、垣曲猕猴桃、绛县山楂等特产，风味小吃有北相羊肉胡卜、稷山麻花、芮城麻片、晋糕、万荣凉粉、闻喜煮饼等。

02 临汾

尧庙 汾河公园

洪洞大槐树景区 云丘山风景区

黄河壶口瀑布

古县牡丹文化旅游区

广胜寺 小西天

霍州观音庙

尧庙

简介 | JIANJIE

　　尧庙位于临汾市尧都区尧庙村,为国家AAAA级旅游景区,山西省重点文物保护单位,山西省爱国主义教育基地。

　　尧庙始建于晋代,后经唐、元、明、清历代修建,不断扩大。据史书记录,尧庙规模最大时占地约0.5平方千米。而今,尧庙占地为当时的十分之一,主要有山门、五凤楼、尧井亭、广运殿、寝宫等古建筑群,以及汉代奇树柏抱槐、柏抱楸、鸣鹿柏、夜笑柏等景观。

　　进入尧庙,最先看到的是五凤楼。五凤楼高19.3米,三层十二檐,楼底有砖建窑廊三孔,有直通三层角柱十三根,十分雄伟。楼顶直立陶人三十余个,陶狮为中,风吹可上下走动,非常美观。据说,尧常同他的四个大臣登楼远眺,而当时人们又把他和他的四位大臣喻为"五凤",并有"一凤升天,四凤齐鸣"之说,"五凤楼"之名便由此而来。

五凤楼的后面有尧井亭,井前刻有"天下第一井"五个字。该亭始建于东晋太宁年间,距今已有一千六百多年的历史。

再往后是广运殿,即尧宫。殿高23米,通进深26.3米,通面宽43米。殿内有12米通顶立柱42根。柱下石基座雕刻精细,狮子、麒麟栩栩如生,实为国内罕见。

2001年,当地在尧都广场建筑了"尧都华表",高达21米,寓意21世纪;柱身盘曲着中华世纪龙,苍劲威武,生机勃勃,预示着中华民族的伟大复兴;底座有长城图案和黄河壶口瀑布图案,象征着中华民族源远流长,社稷永固,为中国第一华表。

景区内的"中华帝尧鼓"被称为天下第一鼓,直径3.11米,高1.2米,鼓的两面均是整张牛皮,2000年被载入吉尼斯世界纪录。

除此之外,还有寝宫、大禹殿、华表、千家姓纪念壁、中国地形立体图等重要景点,都非常值得一看。

引文 | YINWEN

《尚书》(节选)

曰若稽古。帝尧曰放勋。钦明文思安安。允恭克让,光被四表,格于上下。克明俊德,以亲九族。九族既睦,平章百姓。百姓昭明,协和万邦,黎民於变时雍。

■■解读■■

《尚书》是儒家经典之一,为历代儒家研习之基本书籍。《尚书》中的这一段话,歌颂了尧帝治理天下的能力。首先,尧帝能够严格要求自己,他恭敬节俭,明辨是非,且道德纯良,温和宽容。在他的感化之下,整个家族都变得亲密无间。继而,他依此治理"九族"事务,让人们各司其职,使得"九族"也和睦起来。最后,他又协调万邦诸侯,天下间的民众也逐渐变得友好和睦起来。正所谓"修身齐家治国平天下",只有先从自身做起,然后影响身边的人,最后才能达到"治国平天下"的目的。

《论语·泰伯》(节选)

[先秦] 孔子

大哉! 尧之为君也。巍巍乎! 唯天为大,唯尧则之。

■■解读■■

《论语》是春秋时期思想家、教育家孔子的弟子及再传弟子记录孔子及其弟子言行而编成的语录文集。这句话是孔子对尧的赞美。他将尧比作高高耸立的大山,说明尧的美德就像大山一样让人仰望;又说天是最大的,只有尧能够依照天理来治理国家。孔子

是儒家学派创始人、至圣先师,是当时最博学的人之一,他的赞美说明尧的品行确实非常崇高,值得我们每一个人学习。

服。可见,虽然人类的物质文明得到极大发展,但是精神文明仍然需要向前人学习,不能因为物质生活得到了满足,就失去了艰苦朴素、奋发向上的斗志。

《韩非子·五蠹》(节选)

[先秦] 韩非子

尧之王天下也,茅茨不翦,采椽不斫;粝粢之食,藜藿之羹;冬日裘麑,夏日葛衣;虽监门之服养不亏于此矣。

■■解读■■

韩非,又称韩非子,战国末期思想家、哲学家和散文家,法家学派代表人物。这一段话主要描述尧的生活十分艰苦,颂扬其勤俭节约、不奢侈浪费的美好品德。尽管当时他已经治理天下,但是他仍然住在简陋的茅草屋中,吃粗糙的粮食,穿粗布做的衣

奉赠韦左丞丈二十二韵

[唐] 杜甫

"致君尧舜上,再使风俗淳。"

■■解读■■

杜甫,字子美,自号少陵野老,唐代伟大的现实主义诗人。以上两句选自杜甫的五言古诗《奉赠韦左丞丈二十二韵》,原诗篇幅太长,因此只摘取较为有名的两句。诗人写这首诗时正逢应试落第,困守长安,心情十分落寞,因此想离京出游。诗人在其中直

抒胸臆，诉说了自己的才能和抱负，希望能够辅佐帝王成为尧舜之上的一代明君，使社会风俗重新变得淳朴敦厚。可见历朝历代都将尧帝视为统治者的典范，是他们学习的榜样、试图超越的目标。"致君尧舜上，再使风俗淳"二句也常常被后世文人拿来引用，以抒发自己的豪情壮志。

陈宫词

[唐] 贯休

缅想当时宫阙盛，荒宴椒房慢尧圣。
玉树花歌百花里，珊瑚窗中海日进。
大臣来朝酒未醒，酒醒忠谏多不听。
陈宫因此成野田，耕人犁破宫人镜。

■■解读■■

贯休，俗姓姜，字德隐，唐末五代时期前蜀画僧、诗僧。贯休的《陈宫词》是一首借古讽今的讽刺诗，陈宫应是指亡国之君陈后主的宫殿。首联"缅想当时宫阙盛，荒宴椒房慢尧圣"直接讽刺陈后主沉迷于后宫，连至圣先贤尧帝都不放在眼里。"玉树花歌百花里，珊瑚窗中海日进"极言后宫生活的奢靡，其中"玉树花歌""珊瑚海日"浮华艳丽，令人眼花缭乱。"大臣来朝酒未醒，酒醒忠谏多不听"更是直言陈后主荒废朝政，夜夜醉酒笙歌，以至于上朝的时候还醉得不省人事；就算他醒了，也听不进忠臣的劝谏，实在是荒唐不已。最后两句"陈宫因此成野田，耕人犁破宫人镜"是说陈后主亡国后，他的王宫也沦为耕种的田地，后宫的美女再多，到头来也不见踪迹。这首诗批判陈后主荒淫无道，最终导致国破家亡，劝诫后世君主应向尧帝这样贤明的圣人学习。

扩展 | KUOZHAN

　　临汾的尧帝陵庙与其他祭祖地有所不同，它的"庙"与"陵"相隔超过30千米。临汾尧庙位于临汾市尧都区尧庙村，尧陵位于临汾市东北35千米外郭村的西侧。尧陵于2006年被国务院公布为第六批全国重点文物保护单位。

　　尧陵的规模不算大，但建筑依山而建，逐级上升，不仅显示出严谨的布局结构，而且营造出十分不错的观赏环境。尧陵的山门面临河岸，分为上下两层。上面那一层建了一座戏台，可以用来看戏或听音乐演奏；下面那层是用砖垒成的门洞，可进入尧陵内部。从门洞进入后是一座广场，中间是祭祀用的大殿，名为"献殿"，十分宏伟壮观。献殿旁边有两座配殿，后面是石阶，上去是"初始殿"。初始殿两旁排列着元、明、清时代的碑刻，大约有十几座。其中，明嘉靖十八年（1539）尧陵碑上刻有尧陵的地图，尧陵的建筑情况可以清晰地看到。

　　除此之外，尧陵还有神庖、神库、斋室、廊庑、土地祠、守陵人的居室等建筑。

汾河公园

临汾市汾河公园位于临汾城区汾河岸畔，东临"卧牛古城"，西临河西新城，2014年被评为国家AAAA级风景名胜区。临汾市汾河公园占地面积17平方千米，核心园区面积10.6平方千米。

汾河景区分为上、下游生态湿地段和城区生态文化精品段。精品段分为文化艺术区、科普活动区、素质拓展区、青少年活动区、体育休闲区、地域文化展示区共六个区域，建有大大小小的景观154处。其中，文化艺术区包括樱花园、临汾市博物馆、临汾市图书馆、祥云桥、五福桥、九州广场、平阳墨艺等；科普活动区包括临汾市动物园、浮桥、三友园、软索桥、西沙湖、三圣殿、萱楼、尧井园等；素质拓展区包括棋阁、素质拓展湖、牡丹园等；青少年活动区包括儿童沙滩、五子平台、台诒画舫和七孔桥等；体育休闲区包括两个码头、体育活动区、翠云涧、桃花州、磐石岛、廉政文化广场、汾水古韵等；地域文化展示区包含长台阶、市民广场和城市阳台等。

汾河景区内的建筑主要是依据山西明清建筑而仿制的，总体上借鉴了中国古典山水园林的风格，主打绿色生态的理念，新增绿地约6平方千米，新增水面约3平方千米，绿化覆盖率提高了16个百分点。临汾汾河景区为临汾市的生态环境、旅游产业以及城镇发展都做出了非常重要的贡献。

咏画屏风诗·二四

[南北朝] 庾信

金鞍聚碛岸，玉舳泛中流。
画鹢先防水，媒龙即负舟。
沙城疑海气，石岸似江楼。
崩槎时半没，坏舸或空浮。
定是汾河上，戈船聊试游。

■■解读■■

庾信，字子山，小字兰成，南北朝时期文学家。其家"七世举秀才""五代有文集"，父亲庾肩吾为南梁中书令，亦以文才闻名。庾信的《咏画屏风诗》是由二十五首五言古诗组成的组诗，都是描述屏风上的画而创作的。这一首是其中第二十四首，主要描写了画中战船试游的盛况，诗人相信这幅画一定是发生汾河上的景象。诗句多使用白描的艺术手法，辞藻新奇，清新雅致。尤其前八句两两对仗，如前两句，"金"对"玉"，"鞍"对"舳"，"聚"对"泛"，"碛岸"对"中流"，形容词对形容词，动词对动词，名词对名词，极其工整。第二句到第八句也是如此，就不再一一分析。我们还可以看一下前八句共使用了多少种"船"的说法，有"舳""画鹢""媒龙""槎""舸"，还不包括"舟"和最后一句中的"戈船"这种很明显的词语。而正是画中盛大的景象，让诗人相信，除了汾河，没有其他河流能为战船试游提供场地。虽然诗人不是正面描写汾河的壮丽，但也从侧面让读者领略到了汾河的壮阔。

水

[唐]徐夤

火性何如水性柔，
西来东出几时休。
莫言通海能通汉，
虽解浮舟也覆舟。
湘浦暮沈尧女怨，
汾河秋泛汉皇愁。
洪波激湍归何处，
二月桃花满眼流。

■■解读■■

徐夤，字昭梦，博学多才，尤擅作赋，为唐末至五代间较著名的文学家。徐夤的这首诗可以说是一首讽刺诗，借水柔、善、愁、急的几个特性，暗讽唐末执政者昏庸无道，不少贼寇觊觎皇室地位，导致社会

战乱频仍的现实。而汾河只是作为整首诗的其中一个意象出现，并不贯穿全诗。首两句"火性何如水性柔，西来东出几时休"概括了水"柔"的特性，指出"以柔克刚"的道理。如果凡事诉诸战争，那么只会造成社会的动荡不安。接下来的两句"莫言通海能通汉，虽解浮舟也覆舟"，则说明了"水能载舟，亦能覆舟"的道理，即统治者必须"以民为本"，如果忘记了人民，那么终有一天会遭到百姓的抛弃。"湘浦暮沈尧女怨，汾河秋泛汉皇愁"则写出了水的"愁"，这一句里使用"湘浦"对"汾河"，表达了诗人对如今国破家亡的忧愁和苦闷。最后两句"洪波激湍归何处，二月桃花满眼流"则直言诗人看着滚滚黄河水急速逝去，不禁泪湿了眼眶。

览史

[唐]张良璞

享年八十已，历数穷苍生。
七虎门源上，咆哮关内鸣。
建都用鹑宿，设险因金城。
舜曲烟火起，汾河珠翠明。
海云引天仗，朔雪留边兵。
作孽人怨久，其亡鬼信盈。
素灵感刘季，白马从子婴。
昏虐不务德，百代无芳声。

■■解读■■

张良璞，长安尉，相关记载较少。张良璞的《览史》和徐夤的《水》有许多相似之处，比如都是讽刺唐末执政者昏庸无道，致

使战乱四起，民不聊生；再比如都在诗中使用了汾河的意象。但是张良璧的《览史》要比徐黉的《水》直白许多，像"作孽人怨久，其亡鬼信盈""昏虐不务德，百代无芳声"等，都直接批判了当时的执政者没有德行、失去民心，乃至以后百代都会臭名相随。其中"作孽""昏虐"等词明白准确，不容辩驳。诗歌其余的部分几乎都是在描写战乱频仍，而"汾河珠翠明"一句也是说映照在汾河水中的"烟火"像明亮的珠宝一样，用来隐喻战争的无情。只不过整首诗都气氛压抑，唯有这一句色彩明丽，反而显得有些突兀。

送公桓行

[宋]吴则礼

汾河水落雁南飞，
一马萧萧木脱时。
苍鬓宁堪异乡别，
幽人况有故园悲。
山头日没喧笳断，
陇底驼鸣塞草衰。
千里黄云太行路，
自怜北望独相思。

■■解读■■

吴则礼，宋代诗人。生年不详，以父荫入仕。工诗，与唐庚、曾纡、陈道诸名士唱和。晚年居豫章，自号北湖居士。这是一首送别诗，写诗人在深秋时节的汾河水边送别友人，看到萧瑟颓败的景象，不禁悲从中来。首两句"汾河水落雁南飞，一马萧萧木脱时"交代时间为深秋，汾河水的水位已经

落了，而大雁要飞到南方过冬；树上的叶子早已落下，友人独自骑着马要去往他乡。其中，"一马"二字写出了诗人的朋友形单影只的孤苦。紧接着，"苍鬓宁堪异乡别，幽人况有故园悲"加重了友人的凄凉。他已经白发苍苍，还要独自一人去往异乡，这叫他怎么能受得了离开故土的悲戚。"山头日没喧笳断，陇底驼鸣塞草衰"二句在前四句视觉孤苦的基础上，加入了听觉的悲苦。太阳快要落山了，喧闹的胡笳声也中断了；但是山底下骆驼哀鸣的声音却在这时响起，使得路边的野草都要衰败了。最后两句"千里黄云太行路，自怜北望独相思"是说友人此去有千里之远，"我"只有一个人独自向北望去，以表达思念之情。整首诗一派肃杀的景象，让读者沉浸在孤独、悲苦、凄凉、忧愁的氛围中，久久无法自拔。

寄尹师鲁

[宋]石延年

十年一梦花空委，
依旧河山损桃李。
雁声北去燕南飞，
高楼日日春风里。
眉黛石州山对起，
娇波泪落妆如洗。
汾河不断天南流，
天色无情淡如水。

■■解读■■

石延年，北宋文学家、书法家。石延年的《寄尹师鲁》借诗人汾河边上所见的

景色，表达其怀才不遇、命途多舛的感慨。"十年一梦花空委，依旧河山损桃李"是说十年来报国的理想都不过是一场梦，就像花朵白白凋零，桃李遭到损坏。开头两句就直接进入主题，定下了全诗愤慨、不满的基调。"雁声北去燕南飞，高楼日日春风里"承接首联，讲大雁和燕子几度南飞北归，而高楼则日日沐浴在春风之中，说明诗人的大好年华就这样白白逝去，却得不到重用。"眉黛石州山对起，娇波泪落妆如洗"是说连山川河流知道了诗人的遭遇，也要为他感到难过。"汾河不断天南流，天色无情淡如水"，诗人看到汾河水滔滔不绝向南流去，而天空的颜色却平淡得像水一样。最后两句再次点明主旨，埋怨上天无情。

由这五首诗可见，河流通常寄托着诗人们或豪迈，或忧愁，或孤苦，或无奈的感情，尤其汾河的意象，总是承载着古代文人关于家国情怀的豪情壮志，读来令人深思。

扩展 | KUOZHAN

◆大宁西瓜

大宁县海拔高，昼夜温差大，又气候温和，水资源丰富，最适合西瓜种植。大宁所产西瓜均是由农家自己种植，因此个头又大又圆，皮薄肉厚，瓜皮青绿，瓜瓤红脆。大宁西瓜的瓜瓤含糖量高，吃起来松脆汁多、甘甜可口。

◆永和条枣

永和条枣是临汾市永和县的特产。条枣果实较大，顶部稍细，呈长柱形，核小肉厚，成熟鲜枣皮为深红色，有光泽，果肉拉开可见糖丝，丝长不易断，有糖香味。永和县是全国无虫红枣第一县，永和红枣以个大、皮薄、肉厚、核小、味甜、无虫、无污染、无公害等特殊的品质，2011年被农业部批准为农产品地理标志产品。

◆大宁红皮小米

由于大宁小米的谷壳是红色的，因此称其为红皮小米；再加上独特的地理优势，大宁种植的小米营养丰富、颗粒饱满、颜色鲜黄，不同于一般的小米杂质多、口感涩。由大宁红皮小米煮出来的粥香气四溢、浓稠爽滑，吃起来细密醇香，令人回味。

洪洞大槐树景区

简介 ｜ JIANJIE

　　洪洞大槐树景区一般指洪洞大槐树寻根祭祖园旅游景区。洪洞大槐树寻根祭祖园旅游景区位于山西省临汾市洪洞县，是全国以"寻根"和"祭祖"为主题的唯一民祭圣地，现为国家ＡＡＡＡＡ级旅游景区，山西省重点文物保护单位。2008年，大槐树祭祖习俗被列入国家级非物质文化遗产名录。

　　景区分为"移民古迹区""祭祖活动区""民俗游览区"和"汾河生态区"四大主题区域，共有60余处风景文化景点。主要景点有根雕大门，根字影壁，碑亭（古大槐树处），二、三代大槐树，千年槐根，移民浮雕图，移民情景雕塑，祭祖堂，望乡阁，献殿，溯源阁，中华姓氏苑，移民实证展览馆，广济寺，槐木化石，石经幢，过厅，洪崖古洞，民俗村，魁星楼，同源渠，思源潭，一代大槐树（仿），牌坊，茶楼，茶室，三座桥等。

除景点旅游外，洪洞大槐树寻根祭祖园旅游景区几乎每天还有实景演出，包括实景表演《大槐树移民情景剧》《铁锅记》《苏三路过大槐树》，互动演出《开门迎亲》《花样锣鼓》《传统婚庆》《魁星点斗》，以及非物质文化遗产表演，如大槐树祭祖习俗《祭祀》、洪洞县道情戏《孝感天地》、大槐树祭祖习俗《寻根祭祖大典》。每年清明节前后，洪洞大槐树寻根祭祖园旅游景区还会举办洪洞大槐树寻根祭祖节，又名洪洞大槐树文化节。每届洪洞大槐树寻根祭祖节都有数以万计的大槐树移民后裔云集于此，表达着对大槐树老家深深的思念。

洪洞大槐树移民的时间从北宋末年宋室南迁开始，到明朝洪武、永乐形成高潮，一直延续到清代中叶。历时自宋徽宗建中靖国元年（1101）至清嘉庆二十五年（1820）约700余年的时间。明朝洪武、永乐年间的大移民，是中国历史上规模最大、范围最广、有组织、有计划的迁徙。为了巩固明朝统治的经济基础，朱元璋实行移民屯田，奖励垦荒的民屯、军屯、商屯之制，这对恢复生产、增加人口、发展经济、开发边疆、文化交流等都具有一定的历史意义。洪洞大槐树移民的时间长达五十年之久，涉及1230个姓氏，由这里迁往各地的移民后裔，数以亿计。从明洪武三年（1370）至永乐十五年（1417），大槐树下就发生大规模官方移民18次，遍布河南、山东、河北等18个省市500多个县。

"问我祖先何处来，山西洪洞大槐树；祖先古居叫什么，大槐树下老鹳窝。"经过六百多年的辗转迁徙，繁衍生息，而今全球凡有华人的地方就有大槐树移民的后裔。

《苏三起解》（节选）

（苏唱二黄摇板）忽听得唤苏三魂飞魄散，吓得我战兢兢不敢向前！无奈何我只得把礼来见，崇老伯呼唤我所为哪般？

（唱反二黄慢板）崇老伯他对我细说一遍，想起了王金龙负义儿男。我二人在院中初次见面，他与我似夫妻恩重如山。我这里跪庙前来把礼见，尊一声狱神爷细听奴言。保佑奴与三郎重见一面，得生时修庙宇再塑金颜。

（唱西皮流水）苏三离了洪洞县，将身来在大街前。未曾开言我心好惨，过往的君子听我言。哪一位去到南京转，与我那三郎把信传：就说苏三把命断，来生变犬马我当报还。

（唱西皮摇板）人言洛阳花似锦，偏我到来不如春，低头离了洪洞县境，（唱）老伯不走你为何情？

（苏唱西皮导板）玉堂春含悲泪忙往前进，（崇白）天热，咱们慢着点走。（苏唱西皮慢板）想起了当年事好不伤情。想由初在院中凌辱受尽，到如今又落得罪衣罪裙。（崇白）你说什么，想当初在院中凌辱受尽；到如今又落得罪衣罪裙。真是啊，想当初在院中受那样的罪，如今哪，又遭这场不白之冤。孩子，你就盼着此番到了省城，见了都天大人判明你的冤枉，就有条生路，称心的日子都在后头哪。别着急，有指望了。走吧，咱。

（苏唱西皮原板）我心中只把爹娘恨，大不该将亲女图财卖入娼门。（崇白）你说什么，恨爹娘不该将你卖入娼门，你说这话我听

着心里头都不好受。本来嘛，作父母的应当教养儿女成人，嫁夫找主，可得年岁相当，绝不该卖女为娼。嘿，这活呀又说回来啦，你父母但凡有一线之路，他能把你给卖了吗？这也是被生活所逼，才想出这条道。那年头可有什么法子。得了，过去的事就别想了，是越想越难过。走吧，咱们。

■解读■■

关于"大槐树"的文艺作品，最为有名的可以说是京剧剧目《苏三起解》了。《苏三起解》一般指《女起解》，又名《洪洞县》，梅、尚、程、荀及张君秋等演出均有特色。《苏三起解》的故事脱胎于冯梦龙编订的《警世通言》卷24《玉堂春落难逢夫》，原小说情节曲折，人物生动，具有很高的艺术价值。而京剧《女起解》原本不能独立成戏，均与《玉堂春》连演，后经王瑶卿先生与梅兰芳的伯父梅雨田改良成为梅派特色剧目，剧中唱段至今仍在流行。

《苏三起解》剧情梗概为：明朝时，名妓苏三和吏部尚书子王景隆结识，改名玉堂春，两人发誓要白头到老。但是当王景隆的钱财用完的时候，妓院的老鸨儿就把他轰了出去，而苏三私下赠送给他银两，帮助他回到南京。王景隆走后，老鸨儿把苏三卖给了山西的商人沈燕林做妾。沈妻和别人私通，把沈燕林毒死，却反过来诬告是苏三害死的。县官收受贿赂，判苏三死罪。解差崇公道提解苏三自洪洞去太原复审。途中，

苏三诉说自身的遭遇,崇公道加以劝慰。

《苏三起解》唱段非常有名,声腔艺术成就极高,因而是京剧中较为有名的唱段。唱段开头有这样几句:"苏三离了洪洞县,将身来在大街前。未曾开言我心好惨,过往的君子听我言。"很多观众都可以跟着哼唱。

该片段围绕着苏三对封建社会的控诉展开,她先是埋怨父母不应该将她卖到青楼,继而又埋怨沈燕林不该将她赎身,然后批判沈妻的狠毒,最后控诉收受贿赂的王县令。唱词情感浓烈,感人至深,因而可以传唱至今。与此同时,苏三的控诉也很容易让人联想到《窦娥冤》的情节,窦娥在行刑前指天怨地,最后发下三桩誓愿,令人印象极为深刻。不过,相比于苏三情绪化的宣泄,窦娥的指控和三个誓愿的浪漫主义手法更有力度,也更显示了主人公向黑暗的旧社会抗争的勇气和决心。

扩展 | KUOZHAN

与洪洞大槐树相关的文学记述数不胜数,形式也多种多样:影视作品有电视剧《大槐树》,电影《等爱归来》,纪录片《大槐树下是我家》《合》;音乐作品有歌曲《大槐树》(谭晶演唱)、《心中的大槐树》(王诗沂演唱)、《大槐树之歌》(毛国臣演唱)、《老家在心中》(李明安演唱)、《大槐树童谣》、《大槐树的故事》等;书籍作品有《洪洞大槐树志》《洪洞县志》《移民大迁徙》《增广山西洪洞古大槐树志》《洪洞大槐树移民志》《为什么是洪洞:大槐树下的文化传统与地方认同》《祖槐寻根》《从大槐树下走出来的人》《大槐树寻根》等。此外,还有无数诗画作品。

云丘山风景区

云丘山旅游风景名胜区位于临汾市乡宁县，地处吕梁山与汾渭地堑交汇处，是AAAAA级景区、国家级非物质文化遗产。云丘山风景区总面积210平方千米，主开发景区面积为35平方千米。

云丘山拥有非常丰富的自然资源，冰洞群、伏羲岭、女娲峰、神仙峪、云海神龟、崖壁栈道、神龙岭、仙人湖、葫芦潭、圣母崖等自然景观神奇秀丽，令人叹为观止。此外，据统计，云丘山内的动植物品种多达2700多种，除了罕见的动物，还有各种名贵的中药材，生态环境保护得非常好。因此，云丘山享有"姑射最秀峰巅""河汾第一名胜"的美誉。

云丘山还承载着厚重的文化资源，远古文明在这里发源延续，儒释道三教文化在这里和谐共存。相传，伏羲和女娲就是在这里繁衍人类，而二十四节气也是伏羲在这里创造的。儒释道中，道家文化与云丘山的渊源最深，道家代表人物老子和庄子都曾在这里留下踪迹。此外，道教全真教龙门派祖庭也发源于此。云丘山的道教建筑有玉皇顶、祖师顶、五龙宫、八宝宫等，儒家建筑有云丘书院，佛家建筑有多宝灵岩禅寺等。

云丘山还保存有不少拥有千百年历

史的古村落，是罕见的晋南窑洞古村落群，比较知名的有塔尔坡古村落和归田园居康家坪。其中，塔尔坡古村被称为"千年民居活化石"。

另外，云丘山风景区还建有许多现代娱乐设施，如玻璃吊桥、蹦极、滑翔翼、滑索等。

云丘山风景区集自然景观、人文景观、古文化村落及娱乐设施于一体，是休闲旅行、文化体验的不二之选。

引文 | YINWEN

《淮南子·览冥训》（节选）

往古之时，四极废，九州裂；天不兼覆，地不周载；火爁焱而不灭，水浩洋而不息；猛兽食颛民，鸷鸟攫老弱。于是，女娲炼五色石以补苍天，断鳌足以立四极，杀黑龙以济冀州，积芦灰以止淫水。苍天补，四极正；淫水涸，冀州平；狡虫死，颛民生……

■■解读■■

《淮南子》（又名《淮南鸿烈》《刘安子》）是西汉皇族淮南王刘安及其门客收集史料集体编写而成的一部奇书。这段文字主要讲述了女娲补天的神话，节选自《淮南子·览冥训》。大致意思是说，在上古的时候，支撑着上天的四根柱子断裂了，而九州大地开始塌陷。由于天塌地陷，世界上的生物便没有了保护。这个时候烈火燃烧不尽，洪水肆虐泛滥，猛兽恶鸟倾巢而出，捕食人类。于是，女娲炼制五色石将上天的窟窿补上，斩断巨龟的四只脚将天空顶起来，又杀掉了妖怪来帮助百姓，用芦苇的灰烬抵挡洪水的肆虐。经过女娲的努力，天空不再塌陷，窟窿也被补上；洪水不再泛

滥，大地终于太平；猛兽被杀死了，人们得以安身立命。上古时期女娲补天的传说一直流传至今，人们对于女娲的赞颂也从未停止。

司马迁的《史记·三皇本纪》中也记录了伏羲、女娲"蛇身人首"的样貌，二人为了繁衍后代，结为夫妻，从而缔造了人类。女娲补天的故事在《史记·三皇本纪》中也得到了丰富和发展，司马迁补充了共工和祝融大战的情节，祝融失败后恼羞成怒，撞断了不周山，才造成了天塌地陷的灾难。

此外，王延寿的《鲁灵光殿赋》中有"伏羲鳞身，女娲蛇躯"的句子，是说伏羲身上长满了鳞片，而女娲人首蛇身，可见古代人民丰富的想象力和夸张的语言表达。

古像赞二百零五首·其二·伏羲
[明]孙承恩

羲皇圣神，开物成务。
画卦造书，文字之祖。
神明以通，造化以宣。
万世道统，兹其发源。

孙承恩，明朝礼部尚书。这首诗是一首赞颂诗，主要是赞颂伏羲的德行。因为伏羲知晓世间万物的道理，所以创造了八卦和文字，制作成书，以流传后世。伏羲教育子民通晓神明之德，学习世间万物的规律，因此后代万世才能够得到统一。此诗虽没有什么特别之处，但也有利于我们加深对传统文化的了解。

《庄子·逍遥游》(节选)

肩吾问于连叔曰："吾闻言于接舆，大而无当，往而不反。吾惊怖其言。犹河汉而无极也；大有径庭，不近人情焉。"连叔曰："其言谓何哉？""曰：'藐姑射之山，有神人居焉。肌肤若冰雪，淖约若处子，不食五谷，吸风饮露，乘云气，御飞龙，而游乎四海之外；其神凝，使物不疵疠而年谷熟。'吾以是狂而不信也。"连叔曰："然。瞽者无以与乎文章之观，聋者无以与乎钟鼓之声。岂唯形骸有聋盲哉？

夫知亦有之！是其言也，犹时女也。之人也，之德也，将旁礴万物以为一，世蕲乎乱，孰弊弊焉以天下为事！之人也，物莫之伤：大浸稽天而不溺，大旱金石流，土山焦而不热。是其尘垢秕糠，将犹陶铸尧舜者也，孰肯以物为事？""宋人资章甫而适诸越，越人断发文身，无所用之。尧治天下之民，平海内之政，往见四子藐姑射之山，汾水之阳，窅然丧其天下焉。"

庄子，名周，战国中期思想家、哲学家、文学家，道家学派代表人物。《庄子》又名《南华经》，是战国中后期庄子及其后学所著道家学说汇总。这段文字是古代贤人肩吾和连叔的对话，主要论述仙人不理世俗之事的得失，与道家"无为而治"的主张相契合。这段文字中有两处对于姑射山的描写，而云丘山素有"姑射最秀峰巅"的美誉，因此摘抄下来，供读者欣赏。"藐姑射之山，有神人居焉。肌肤若冰雪，淖约若处子，不食五谷，吸风饮露，乘云气，御飞龙，而游乎四海之外；其神

凝,使物不疵疬而年谷熟",这是说在遥远的姑射山之上,住着一位神仙,他的皮肤就像冰雪一样,身姿就像少女一般。他不吃五谷杂粮,只吸风气、喝露水,乘着云、驾着龙遨游四海。他神情专注,是万物不受灾害,令天下五谷丰登。这段文字充满了浪漫主义色彩,正表达了庄子对"超然物外""以游无穷"的理想境界的追求。

后文又说,"姑射之山"位于"汾水之阳",这说明其与云丘山的位置相仿。可见在道教先贤的眼中,云丘山钟灵毓秀、仙气充盈,正是道家修习的绝佳场所。

扩展 | KUOZHAN

◆褐马鸡

褐马鸡主要生活在山地森林之中,由于人类大量砍伐森林,褐马鸡失去了繁衍栖息之地。再加上褐马鸡很容易被天敌捕杀,被人类捕猎,所以存活率低。如今,褐马鸡被列入国家一级重点保护野生动物名录。云丘山的生态环境保护得非常好,很适宜于褐马鸡生存,是其繁衍栖息的主要区域。

◆翅果油树

翅果油树是冰川世纪后残存下来的中国特有的古生物植物,是非常珍贵的植物资源。因为种子寿命短,且不利于传播,再加上人为因素,所以存活率极低,被列入国家二级珍稀濒危保护植物。云丘山的自然环境是其生长的绝佳之地,因此翅果油树一直生长在云丘山中。

◆小杂粮

云丘山有"晋南杂粮之乡"的美誉,其盛产的杂粮主要有黑豆、黄豆、小麦、玉米和绿豆等。云丘山海拔高,阳光充足,且昼夜温差大,因此,在云丘山生长的植物都具有非常丰富的营养价值。而其出产的杂粮果实,颗粒饱满,颜色鲜亮,熬出来的粥芳香扑鼻,制作成的食物也口感极佳。此外,云丘山的花馍和柿饼也是独具特色的地方美食。

黄河壶口瀑布

吉县壶口瀑布景区是国家级风景名胜区,属于国家AAAAA级旅游景区。

壶口瀑布是黄河中游流经晋陕大峡谷时形成的一个天然瀑布,西濒陕西省宜川县,东临山西省吉县。瀑布宽达30米,深约50米,最大瀑面3万平方米,是中国仅次于贵州省黄果树瀑布的第二大瀑布,也是世界上最大的黄色瀑布。滚滚黄河流经晋陕峡谷到达吉县境内,两岸石壁峭立,洪流骤然被两岸所挤压。瀑布上游黄河水面宽300米,在不到500米长的距离内,被压缩到20至30米的宽度,而后在50米的落差中倾泻而下,就好像从巨大的壶口中喷涌而出,故名"壶口瀑布"。

《书·禹贡》中只用八个字描写壶口瀑布:"盖河漩涡,如一壶然。"明代陈维藩的诗《壶口秋风》有"秋风卷起千层浪,晚日迎来万丈红"一句,可谓真实写照。

引文 | YINWEN

酬崔峒见寄

[唐]司空曙

趋陪禁掖雁行随，
迁放江潭鹤发垂。
素浪遥疑太液水，
青枫忽似万年枝。
嵩南春遍愁魂梦，
壶口云深隔路岐。
共望汉朝多沛泽，
苍蝇早晚得先知。

■■解读■■

司空曙，字文初，唐朝诗人，约唐代宗大历初前后在世。司空曙的《酬崔峒见寄》，一说是唐代李嘉祐所写的《江湖秋思》。诗歌通过描写壶口瀑布的壮丽景色，表达了诗人对被奸佞小人陷害的不满，抒发了诗人贬谪路上的苦闷。首联"趋陪禁掖雁行随，迁放江潭鹤发垂"交代事件，即诗人被贬谪。"雁行随"说明诗人贬谪路上的凄苦无助；"鹤发垂"说明诗人当时已经年老体弱，却仍然要颠沛流离。"素浪遥疑太液水，青枫忽似万年枝"，诗人远远看到黄河水的滚滚浪涛，还以为是太液池的池水；还未变红的枫叶，也像是已经有了一万年的历史。这两句分别使用比喻、拟人的修辞手法，使人产生一种恍惚之感。"嵩南春遍愁魂梦，壶口云深隔路岐"开始写路途遥远，诗人的愁苦无处发泄，只能在梦里寄托给身在远方的朋友。尾联"共望汉朝多沛泽，苍蝇早晚得先知"用"苍蝇"比喻朝堂之上的奸佞小人，说明小人的行为迟早会被人们看穿，表达了诗人希望统治者能够广施恩泽、除掉奸佞的美好愿望。

自马当而上至壶口三钟石苍崖壁立下瞰层渊湍

[宋]杨冠卿

千崖削苍壁，万仞临深渊。
老翁立其傍，习惯若自然。
笑歌惊波澜，步武生云烟。
我欲从之游，结茅山之巅。
举瓢酌天浆，醉拍洪崖肩。
明月夜横玉，共看凌波仙。

■■解读■■

杨冠卿，字梦锡，南宋诗人。这首诗写诗人在崖壁上观赏瀑布的壮丽景色，抒发了对祖国大好河山的赞叹之情。首二句"千崖削苍壁，万仞临深渊"交代观赏地点，诗人是在悬崖峭壁之上观赏瀑布，"削苍壁""临深渊"给人惊险刺激的感觉。"老翁立其傍，习惯若自然"书写旁边的老翁早已经习惯了悬崖峭壁的险绝，神情悠然，自得其乐。"笑歌惊波澜，步武生云烟"二句写老翁大笑着唱歌的声音，惊起了黄河水的重重波澜；而英武的步伐，则令瀑布生起了阵阵云烟。"我欲从之游，结茅山之巅"写诗人想要跟随老翁一同游览，因而在山巅上建起了茅草屋。"举瓢酌天浆，醉拍洪崖肩"

两句对仗工整，使用拟人的修辞手法，写瀑布倾泻而下，气势雄伟，好似仙人在天上舀了一瓢水泼了下来；瀑布落下，水势浩大，就像人喝醉了，拍打着崖壁的肩膀一样。最后两句"明月夜横玉，共看凌波仙"比喻到了晚上，瀑布在月光的照耀下，就像一条玉带一样闪闪发光；又像翩翩起舞的凌波仙子，顾盼生辉。全诗描写了壶口瀑布雄伟壮观的景象，充满了积极乐观的情绪和氛围，让人读来精神为之一振。

壶口秋风

[明]陈维藩

碧空昨夜渡宾鸿，
壶口波兮思禹功。
一水中分秦晋异，
两山傍峙古今同。
秋风卷起千层浪，
晚日迎来万丈红。
八载勤王方奏绩，
凿成天险壮河东。

■■解读■■

陈维藩，生平不详。陈维藩的《壶口秋风》描写了壶口瀑布奇丽雄壮的自然景观，抒发了诗人为祖国建功立业的豪情壮志。首两句"碧空昨夜渡宾鸿，壶口波兮思禹功"写"昨夜"天空中飞过大雁，诗人看到壶口瀑布的波涛汹涌，想起了夏禹治水的功绩。"一水中分秦晋异，两山傍峙古今同"是说壶口瀑布的水源将山西和陕西天然地分隔开来，黄河水两旁的崖壁古往今来都没

有改变过。"秋风卷起千层浪,晚日迎来万丈红"生动地描写了壶口瀑布惊涛骇浪的惊险,面对夕阳照耀下在万丈悬崖升起的彩红,诗人的豪迈之情难以抑制,喷薄而出。"八载勤王方奏绩,凿成天险壮河东",面对国家君主的危难,臣下纷纷起兵救援,最终使国家更加强大。最后两句点明诗歌主旨,气势磅礴,催人奋进。

姑射山访神居洞

[清]秦知域

秀气结壶口,姑射辟仙境。
着屐访神居,络绎延清景。
雨后岚欲滴,积翠擦人冷。
松荫接藤缠,飞泉散碧岭。
仙禽时一声,寂寂四山静。

半日幽间趣,顿觉浮生永。
鹿女还金阙,莲花开玉井。
澄潭水一泓,上下光耿耿。
杖策寻南洞,肃将衣裳整。
拟拜绰约子,不见冰雪影。
斫芝更斸苓,云深隔几顷。
憩诵《南华》篇,肩吾笑凤秉。
萧萧满林秋,日暮风涛警。
恐是御龙归,悠然长引领。

■■解读■■

秦知域,字周叔,号薇郎,清代诗人。这首诗主要写诗人由壶口瀑布游历至姑射山神居洞的全部过程,全诗奇异的景色、缥缈的境界让读者仿佛置身于仙境之中,产生了梦境般的体验。前四句先写壶口瀑布的秀丽和姑射山的神秘,后写诗人穿好木屐,准备探访神居洞。"雨后岚欲滴"到"云深隔

几顷"都是在使用白描的手法,讲述沿途的见闻。山中幽静深沉,不过半日,却仿佛过了很久一样。终于到了神居洞,诗人虔诚地整理衣衫,准备祭拜仙人,但是始终不见仙人的身影。于是诗人只好稍事休息,诵读《南华》篇。最后四句写天色已晚,大风吹动树林呼呼作响,诗人心想一定是仙人乘着神龙飞了回来,便高兴地抬头观看。整首诗奇幻灵动、下笔绝妙,表现了诗人丰富的想象力。

望庐山瀑布

[唐]李白

日照香炉生紫烟,
遥看瀑布挂前川。
飞流直下三千尺,
疑是银河落九天。

■■■解读■■■

李白,字太白,号青莲居士,又号"谪仙人",唐代伟大的浪漫主义诗人,被后人誉为"诗仙"。

《望庐山瀑布》是李白写瀑布的千古名篇。这首诗是七言绝句,前两句先写在太阳的照耀下,香炉山升起了紫色的烟雾,营造了一种朦胧氤氲之美;远远看去,瀑布就好像挂在山间的一条白练,一个"挂"字将倾泻的瀑布比喻成静止的事物,惟妙惟肖地表现了诗人"遥看"到瀑布的情状。

后两句比喻更加奇特,诗人把瀑布比喻为从天上落下的银河,将瀑布雄奇瑰丽的景象描写得活灵活现;"三千尺""落九天"又极具夸张之能事,给人们留下了深刻的印象。

扩展 | KUOZHAN

◆吉县壶口唢呐

吉县壶口的民间唢呐别具一格,自成体系,兼具宫廷韵味和黄土风情。众所周知,唢呐声音嘹亮,气势雄壮,常能吸引人们的注意。因此,每逢婚庆丧葬,或有开业庆典等重大活动,必有唢呐鼓乐助兴。据记载,吉县壶口唢呐已有近五百年的历史,可以说是吉县民间艺术中较为知名的一种,现已被列入省级非物质文化遗产名录。

◆吉县苹果

吉县地处北纬36度线,海拔均在1000米以上,昼夜温差大,因此,吉县苹果糖分积累多,又脆又甜。而且,吉县苹果颜色鲜红,果肉饱满,非常可口。2009年,吉县苹果被命名为中华名果,获得首届农博会苹果类金奖。

古县牡丹文化旅游区

简介 | JIANJIE

　　古县牡丹文化旅游区位于山西省临汾市古县,占地面积54平方千米,是国家AAAA级旅游景区。景区有旅游、休闲、娱乐、探险等多种功能,景区以三合牡丹园为主要看点,以石壁河流域美丽的自然风光和别具风格的人文景观为次要看点。从牡丹园到牛儿岭,旅游线路长达18千米,包含26个景点,沿途山水相依、鸟语花香,是一处可以让人远离城市喧嚣、呼吸清新空气的生态旅游景区。

　　牡丹园位于石壁乡三合村,牡丹花在每年4月底至5月初开放,花期比较长。园里的牡丹花个个大如圆盘,争奇斗艳。最令人称奇的是一株已有1300年历史的野生白牡丹,花株高2.3米,花冠直径5.6米,冠幅超过33平方米,每年"五一"节前后开花。经专家考证,这株牡丹是我国现存单株最大的野生白牡丹,已被《中国牡丹全书》收录,被全国牡丹协会誉为"天下第一牡丹"。因其生长年代久远,并有很多神奇的地方,当地人们又称其"牡丹仙子"。近年来,牡丹景区以这株牡丹为主要看点,在以往设施基础上进行了扩建,新修了几座与之相称的建筑,打造成了古县牡丹文化旅游区。

赏牡丹
[唐]刘禹锡

庭前芍药妖无格，
池上芙蕖净少情。
唯有牡丹真国色，
花开时节动京城。

■■解读■■

刘禹锡，字梦得，唐朝时期大臣、文学家、哲学家，有"诗豪"之称。刘禹锡的《赏牡丹》是历代牡丹诗中非常有名的一首七言绝句，使用对比、拟人等艺术手法赞颂了牡丹的"倾国之色"，也托物言志地说出了诗人的理想品格。该诗前两句先写庭院前的芍药虽然妖娆艳丽，却没有格调；而水池中的荷花虽然洁净清新，却缺少情致。很显然，前两句诗是为了衬托牡丹的绝色姿容而写的。但是，诗人并没有将芍药与荷花贬得一无是处，而是精准地写出了二者的优点与缺点，以此来引出牡丹花是"完美无瑕"的"花王"。紧接着，第三句"唯有牡丹真国色"就正面赞颂牡丹具有真正的"倾国之色"。这一句还是没有直接描写牡丹如何美丽，而是用了一个"唯"字突出牡丹的唯一性，用"真国色"三个字简练地概括了牡丹的美好。第四句"花开时节动京城"，描述在牡丹花开的时节，京城的人们争相观看牡丹花的盛景。这一句仍然没有直接描写牡丹花的美丽，而是通过描述唐代观赏牡丹的习俗，侧面说明牡丹花的雍容华贵使得人们倾城而出。这一句给读者留下了美好的想象，读来回味无穷。

红牡丹
[唐]王维

绿艳闲且静，红衣浅复深。
花心愁欲断，春色岂知心。

■■解读■■

王维，字摩诘，号摩诘居士，唐朝诗人、画家。这首诗是一首咏物诗，王维用美人的容颜衰老来比喻牡丹花的凋零，感慨春光易逝，含蓄隽永，回味悠长。

前两句"绿艳闲且静"描写牡丹花的绿叶安静自持，一种雍容大度、气定神闲的感觉迎面而来；"红衣浅复深"写牡丹花瓣的颜色由浅红到深红，错落有致，好似少女的衣裙一般。这两句使用了"红""绿"的颜色对比，给读者带来视觉的冲击，仿佛亲眼看见牡丹如少女一样明丽。后两句气氛急转直下，"花心愁欲断"是说面对春色将逝，百花即将凋零，牡丹花的内心也百般哀愁；"春色岂知心"使用反问的手法，"春色又怎么会知道牡丹花心里在想什么呢"，表达了诗人内心的苦闷。全诗完全将牡丹拟人化，前两句先从外部描写牡丹的娇艳明媚，后两句又写牡丹内心世界的变化，把牡丹写得有血有肉、真切动人。

卖残牡丹

[唐]鱼玄机

临风兴叹落花频，
芳意潜消又一春。
应为价高人不问，
却缘香甚蝶难亲。
红英只称生宫里，
翠叶那堪染路尘。
及至移根上林苑，
王孙方恨买无因。

■■解读■■

鱼玄机，性聪慧，有才思，好读书，尤工诗，与李冶、薛涛、刘采春并称唐代四大女诗人。鱼玄机的《卖残牡丹》也是写牡丹花的一首佳作，这首诗借牡丹花来自喻，写出了诗人不被世俗接纳的处境，表达了诗人孤高的品格。

前两句"临风兴叹落花频，芳意潜消又一春"交代写作时间，这是落花纷纷的暮春时节。诗人临风感叹，又是一年春天过去了，美丽的花朵频频凋零，花儿的芳香也渐渐消散。此二句一开始便定下了全诗悲戚的基调，也引出了下文牡丹的境况。"应为价高人不问，却缘香甚蝶难亲"描述牡丹是因为价格太高，所以没有人来买；又因为香气太浓，所以蝴蝶也无法亲近。这二句内涵丰富，既交代了牡丹"人不问""蝶难亲"的凄清处境，又说明牡丹是因为"价高""香甚"才不为世人所爱，隐喻了诗人不被世俗喜爱和接纳，是因为诗人自己太有才华、品格太高。"红英只称生宫里，翠叶那堪染路尘"也是用"红英"对"翠叶"，用"宫"对"路"，写出只有皇宫才配种植名贵的牡丹，如果将其放在马路上，反而白白沾染了灰尘。此二句承接上两句，也写诗人的孤傲和不愿与世俗同流合污的品格。

最后两句"及至移根上林苑，王孙

方恨买无因"是说等到把牡丹移植到上林苑，王孙贵族们才会因为没有买它而感到遗憾。这两句可以有两层解读，一层是从女性情爱的角度来解读，一层是从诗人怀才不遇的角度来解读。从女性情爱的角度来说，诗人认为自己最终会找到理想的伴侣，而到时候，那些不懂她的男性只有后悔去了；从怀才不遇的角度来说，诗人有自信一定会功成名就，而那些不懂得赏识的王公贵族才会感到遗憾。

总的来说，整首诗托物言志，描写了诗人不被喜爱和接纳的悲凉处境，表达了诗人孤傲高洁的品格，读来让人深感同情，又觉得受到鼓舞，意味深远。

咏牡丹

[宋]陈与义

一自胡尘入汉关，

十年伊洛路漫漫。
青墩溪畔龙钟客，
独立东风看牡丹。

昭君怨·牡丹

[宋]刘克庄

曾看洛阳旧谱，只许姚黄独步。
若比广陵花，太亏他。
旧日王侯园圃，今日荆榛狐兔。
君莫说中州，怕花愁。

解读

陈与义，字去非，号简斋，北宋末、南宋初年的杰出诗人。刘克庄，初名灼，字潜夫，号后村，南宋豪放派词人，江湖诗派诗人。陈与义的《咏牡丹》和刘克庄的《昭君怨·牡丹》都借写牡丹花表达北宋沦陷的兴亡之感。前者正面描写金兵入关，造成百姓流离失所的凄惨现状，十年过去，百姓们想要归家的愿望仍然遥不可期。而如今诗人逐渐衰老，报国无望，只有独自在溪边欣赏牡丹。相比于前者，后者所抒发的感情就显得委婉隐秘。词人上阕写牡丹旧时"独步"的盛况，下阕写今日牡丹园中荆棘丛生、狐兔乱窜，两相对比，使人瞬间感到一阵凄凉。两首作品都借牡丹花抒发作者报国无门的悲愤，读来令人哀叹愤慨。

扩展 | KUOZHAN

◆古县核桃

古县核桃壳薄肉多，已有两千多年的历史，新中国成立后，古县核桃发展很快，遍及全县十个乡镇，形成了老、中、幼三大核桃生产区域。古县核桃产量和栽植面积逐年增加，人均核桃面积、株数、产量、收入四项指标均居全省第一，核桃生产已成为古县农民脱贫致富的主导产业。古县于1958年被国务院授予"干果之乡"的称号，1986年列入山西省"星火计划"，1993年被国务院确立为"高产优质高效核桃示范基地县"。

◆古县双孢菇

古县是山西省首家规模发展双孢菇的基地县，所产蘑菇质地细嫩，口感爽滑。因为全部采用绿色肥料，因而主打品质优、无污染。目前，古县已成为全省最大的双孢菇生产基地。

◆古县红果

红果其实就是山楂，又名山里红、酸楂。古县红果个大核少，果肉鲜美，甜酸适中，且营养丰富，内含丰富的维生素、山楂酸、柠檬酸、黄酮类等，是中国特有的珍贵资源。

此外，古县小米颗粒圆润、匀称饱满、色泽晶莹、米香浓郁、口感上乘；古县花椒颗粒饱满、麻味浓郁，非常适合用于调味。

广胜寺

───────
简介 | JIANJIE
───────

  广胜寺景区位于山西省洪洞县，具体位置在洪洞县城东北17000千米霍山南麓。广胜寺为国家AAAA级景区、全国重点文物保护单位。

  广胜寺在中国历史上经历了多次的毁坏和重建，也可算是"命途坎坷"。广胜寺的寺院最初兴建于东汉建和元年（147），原名俱庐舍寺，也称育王塔院，直到唐代才改称为广胜寺。唐大历四年（769），中书令汾阳王郭子仪撰文奏请重建。宋、金时期，兵火频繁，广胜寺被焚毁，随后进行了重建。元大德七年（1303），平阳（今临汾）一带发生大地震，寺庙建筑全部震毁，于大德九年（1305）秋又重建。此后，明嘉靖三十四年（1555）和清康熙三十四年（1695），平阳一带又发生地震，但这两次地震没有使寺庙遭到大规模的损坏，因此仅对部分建筑进行了修建。现今的广胜寺，除了上寺飞虹塔及大雄宝殿属于明代建筑外，其余均为元代建筑。

  洪洞广胜寺景区包括上、下两寺和水神庙三处景点。上寺在霍山的山顶，由山门、飞虹塔、弥陀殿、大雄宝殿、毗卢殿、观音殿、地藏殿及厢房、廊庑等组成。上寺的寺庙

周围树木茂盛，寺内有古塔矗立，引人入胜。下寺在霍山的山脚下，由山门、前殿、后殿、垛殿等组成，均为元代建筑。下寺随着地势的高低起伏而建立，层层叠叠，错落有致。水神庙与下寺相邻而建，其内供奉着明应王。在明应王殿内，塑有明应王像和侍女、大臣等泥塑，四壁还绘满了各种壁画。

其中，上寺的飞虹塔、《赵城金藏》、水神庙元代壁画，并称为"广胜三绝"。

飞虹塔是五座佛祖舍利塔和中国现存四座古塔之一，也是迄今为止发现的唯一留有工匠题款、最大最完整的琉璃塔。2018年8月，该建筑被确定为"世界最高的多彩琉璃塔"。

《赵城金藏》是宋代我国第一部木刻版大藏经《开宝藏》的复刻版，这部藏经是唐代三藏大法师玄奘自天竺取回的梵文经卷中译善本，全世界只此一部，因而被视为稀世瑰宝，与《永乐大典》《四库全书》《敦煌遗书》并称国家图书馆四大镇馆之宝，对研究中国印刷史和宗教史具有十分重要的价值。

水神庙是我国现存最为完整的供奉水神的庙宇，始建不晚于唐代，水神庙内的元代壁画以祈雨、行雨、酬神为主线，具有极高的历史、艺术价值。

题广胜寺

[宋]李曼

寺隐藏山腹，山高绝杳冥。
浓岚春发黛，岑塔晓开屏。
岭上云无著，松根茯有灵。
访求忠武迹，不复见丹青。

■■解读■■

李曼，字修孺，仁宗嘉祐间进士，皇祐间知果州，神宗熙宁六年（1073）知泸州，元丰间知遂州。这首诗开头两句就点明广胜寺的地点，"寺隐藏山腹"说明其藏在深山之中，"山高绝杳冥"说明广胜寺所在的霍山巍峨挺拔，人迹罕至。紧接着"浓岚春发黛，岑塔晓开屏"两句交代时间，描写春天清晨，诗人前往广胜寺，看到寺庙周围的树木郁郁葱葱，寺中的塔也在晨光熹微中展露了真容。"岭上云无著，松根茯有灵"是说山岭上空的白云没有依靠，而地上松树却能深深扎根于土壤之中。此二句使用"无著""有灵"进行对比，说明人不应该好高骛远，而应该踏踏实实走完脚下的每一步

路。最后两句"访求忠武迹，不复见丹青"点名诗歌主旨，诗人清晨访寺是为了寻找曾经的"忠武"迹象，只可惜再也见不到了。整首诗可以说是托物言志，抒发诗人对当时社会风气追名逐利、"忠武"不再的讽刺和批判。

广胜寺

[宋]王渊亭

春岭碧嵯峨，公馀载酒过。
红尘随地少，野意近山多。
泉溜寒鸣玉，杨花碎剪罗。
归衫未能著，斜日上松坡。

■■解读■■

王渊亭，宋代诗人。相比李曼的《题广胜寺》，王渊亭的《广胜寺》就纯粹是以白描的手法写拜访广胜寺沿途所见的景色，虽缺少了针砭时弊的社会功能，却别有一番情致。首二句"春岭碧嵯峨，公馀载酒过"以一个"春"字交代时间，以一个"酒"字交代诗人的状态：春天嵯峨的山岭上，树木长出

了新叶，碧绿的颜色令人感到陶醉；一行人喝醉了酒，沿途走过。"红尘随地少，野意近山多"对仗工整，"红尘"对"野意"，"随地少"对"近山多"。"泉溜寒鸣玉，杨花碎剪罗"二句使用了倒装的手法，意思是说泉水就像玉石一样冰凉，沿途的杨花则像被剪碎的罗裙一样纷纷扬扬。最后两句"归衫未能著，斜日上松坡"是写诗人游玩在其中，已经忘了时间，还没来得及穿上回家的衣服，太阳已经要落下了。

广胜寺

[宋] 王说

山亭十里见纤微，
暂出红尘已息机。
次第一行寒雁去，
浅深千片乱霞飞。
青山不断何年有，
流水无穷底处归。
自古兴亡安足问，
世间人事转头非。

广胜寺

[宋] 张傅

亭险高侠畏力微，
放怀堪此养天机。
下窥平野遥无际，
仰视危檐势欲飞。
常日群猿偎槛戏，
有时晴霭拂窗归。

旌轩暂驻聊凝睇，
应笑尘中万事非。

游广胜寺东岩

[宋] 李庭

年来百念如寒灰，
老眼慵向时人开。
犹有爱山缘未断，
芒鞋信步东岩隈。
东岩幽胜甲晋境，
寒藤古木生苍苔。
谁凿云根汇海眼，
惊波深泻如奔雷。
衲僧具眼觑天奥，
作亭闯尔临渊洄。
亭中空洞纳万象，
收奇揽秀无遗材。
倚阑清坐洗尘念，
洒然冰雪涵灵台。
上方一目尽千里，
劳筋未暇穷崔嵬。
百年名刹烬一炬，
可怜金碧成蒿莱。
世间兴废岂足道，
会看穿壤论三灾。
短生乘化不暂驻，
须臾变化随风埃。
心知所历皆梦境，
题诗漫识吾曾来。
下山一笑便陈迹，
但见白塔苍烟堆。

■■解读■■

王说的《广胜寺》、张傅的《广胜寺》和李庭的《游广胜寺东岩》都通过描写广胜寺昨是今非的景象，表达了对人事无常的感慨，三首诗都包含了一定的佛家思想。

王说，字应求，号桃源，宋代诗人。王说的《广胜寺》前两联写广胜寺已然脱离红尘，人烟稀少，"寒雁""乱霞"更让人感到一派荒芜肃杀的气象。"青山不断何年有，流水无穷底处归"两句开始加入诗人的感慨：连"青山""流水"这两个自然界难以消亡的事物都会发生变化，还有什么是不会改变的呢？最后两句"自古兴亡安足问，世间人事转头非"点明主旨，明白写出自古以来王朝更替就很正常，而人世间的事转眼间就已经消失不见了。

张傅，北宋人，字严卿，唐初功臣张公瑾的后裔。张傅的《广胜寺》整体基调不像王说的诗那么悲戚，反而有一种放达释怀的乐观精神在其中。诗歌没有将观景的重点放在登山所见，而是放在广胜寺内登塔后的眺望所见。"下窥平野遥无际，仰视危檐势欲飞"二句颇有气势，反映出诗人旷达的胸怀和豪迈的性格。接下来两句"常日群猿傥槛戏，有时晴霭拂窗归"不仅没有将豪放的气势转入悲凉，反而写"猿戏"和"晴霭"，给诗歌增添了活泼明朗的气氛。

李庭，字显卿，号寓庵，宋代诗人。李庭的七言律诗《游广胜寺东岩》整体篇幅较长，应是写于北宋战乱、广胜寺被毁期间。从第一句"年来百念如寒灰"，到"劳筋未暇穷崔嵬"，描写诗人游览广胜寺的全部过程，其沿途所见均是令人感到惊奇的山中景色。随后"百年名刹烬一炬，可怜金碧成蒿莱"表达了诗人对广胜寺被付之一炬而感到可惜，从而引出下文"世间兴废"的无常。最后两句"下山一笑便陈迹，但见白塔苍烟堆"，既不像王说那般悲凉，又没有张傅的旷达释怀，而是让人微微感到苦涩，表达了一些些的无奈。

扩展 | KUOZHAN

◆洪洞莲藕

洪洞县种植莲藕历史悠久，名扬三晋，因而素来有"莲花城"的美誉。洪洞生产的莲藕具有香、脆、清、利等可口特点，可采用炒、烧、炸等方法制成多种美味菜肴，还可制成精细洁白、口味纯正的藕粉、蜜饯。

◆洪洞甲鱼

洪洞县地处临汾盆地，气候温和，水源充足，是甲鱼的最佳自然生长区，当地所产的甲鱼肉质细腻、肥腴鲜美，驰名三晋。甲鱼可以清蒸、红烧，还可以用来炖汤。当地人用甲鱼和鸡为原料制作的名菜"霸王别姬"，色鲜味美，营养丰富。

小西天

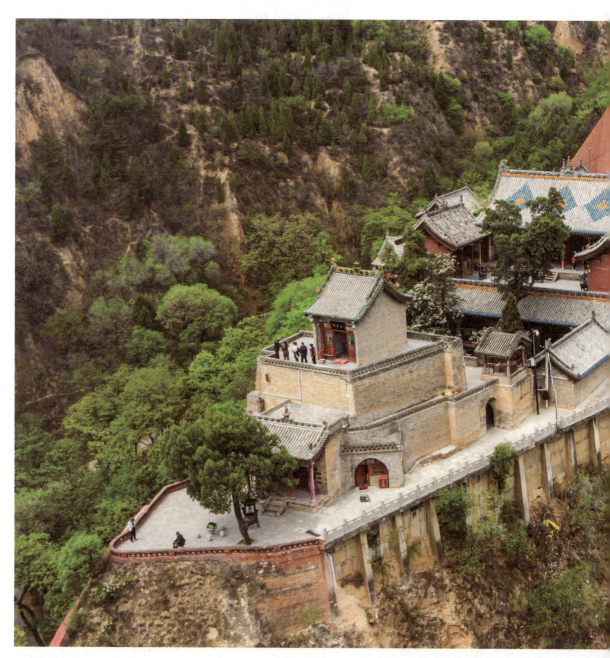

简介 | JIANJIE

　　小西天又名千佛庵，位于山西省隰县城西的凤凰山上。小西天是一座佛教禅宗寺院，由明代东明禅师创建于明崇祯二年（1629）。因为大雄宝殿内有约一千尊佛像，所以一开始叫作千佛庵。后来，重门额题字"道人西天"，为了与城南另一座明代寺院"大西天"区别开来，所以叫作"小西天"。小西天的名字从而沿用至今。

　　小西天的建筑依山势布局，分为上、下两院，院内建筑精巧玲珑，而雕塑栩栩如生。

　　下院是寺院的主体部分，院内有无量殿、韦陀殿、摩云阁、半云轩等建筑。其中，无量殿内供奉着数十尊铜铸佛像，是僧人念经打坐的佛堂；半云轩可以算是"藏经阁"，里面珍藏着非常罕见的官版《明永乐北藏》，共七千余卷，且保存完好，非常具有学术研究的价值。韦陀殿内有一座韦陀像，这座韦陀像是由一整块楠木雕刻而成的，雕刻技艺令人称奇；摩云阁中供奉着观音菩萨像，从阁中向下远眺，景色入画，非常迷人。

　　上院是寺院建筑的精华所在，有大雄宝殿、文殊殿、普贤殿等几座大殿。大殿正面供奉"药师""弥陀""释迦""毗卢"和"弥勒"五座佛像，他们端坐莲台之上，神情慈祥；两侧站立着十大弟子，造型各异，生动传神。上院中不得不提的还有梁上雕刻的悬塑，不仅有十二乐伎菩萨表演着歌舞，还有仙鹤、孔雀、鹦鹉等仙鸟在云间飞舞，让游客仿佛置身仙界，流连忘返。

　　小西天在中国建筑史上具有非常独特的地位和价值。

游小西天途中偶赋

[明]陈琏

维时日载阳，风力颇和缓。
骋望陟崇阿，渐觉生意满。
杏花红正繁，草色绿犹短。
雉鸣想林暄，鱼跃知水暖。
逍遥协幽悰，山路岂辞远。

■■解读■■

陈琏，字廷器，号琴轩，博通经史，以文学知名于时。这首诗正如诗题所说，描述了诗人前往小西天游玩途中所见所感。首两句"维时日载阳，风力颇和缓"是说这一天阳光和煦、微风徐徐，交代了出游的天气情况。"骋望陟崇阿，渐觉生意满"是说向山上望去，渐渐觉得充满了生机。"杏花红正繁，草色绿犹短"接着上面，继续说沿途所见的景色。杏花开得正旺，绿油油的小草稍微有些矮小。可见，诗人出游的时间正逢春暖花开，是踏青的好时节。"雉鸣想林暄，鱼跃知水暖"，沿路听到树林里叽叽喳喳的鸟叫声，看到水里的鱼儿跳跃着冲出水面。这两句仍然是再说春天到来，万物复苏，鸟儿和鱼儿都感觉到了春天的温暖，一同庆祝这美好的时节。

最后两句"逍遥协幽悰，山路岂辞远"是说诗人看到这美丽的景象，早都忘了心中的烦恼，就算山路崎岖，也不会感到路途遥远。整首诗营造了一种风和日丽、万物复苏、鸟鸣鱼跃的和谐景象，非常富有山间生活的趣味。

初秋雨后登小西天绝顶远眺

[清]张大璋

金风初荐爽，流火伏阴来。
雨过泉声咽，山明树色开。
薜萝随绿水，杨柳拂苍苔。
千里难穷处，向谁问钓台。

■■解读■■

张大璋，清康熙年间的诸生。张大璋的这首诗与陈琏的《游小西天途中偶赋》有异曲同工之妙，都是写往小西天游玩途中所见，歌颂了祖国的大好河山和百姓安居乐业的盛世景象。不同的是，陈琏诗歌的写作时间是春暖花开的时节，而张大璋诗歌的写作时间是初秋。正如题目《初秋雨后登小西天绝顶远眺》所示，初秋雨后空气清新，非常适合游玩。开头两句"金风初荐爽，流火伏阴来"正是交代诗歌写作的时间，"金风""流火伏阴来"说明了时间是夏末秋初，天气渐趋凉爽，诗人产生了出外游玩的兴致。"雨过泉声咽，山明树色开"是说下雨过后，山间小泉汩汩而下，那声音非常好听；而山上的树木也因为雨水的滋润，颜色变得更加明亮了。"薜萝随绿水，杨柳拂苍苔"承接上两句，也是写沿途植物长势喜人，为景色增添了清新明媚的感觉。这四句都是在

用写春景的手法来写秋景，让人恍惚间产生错觉，说明夏季的炎热终于结束，干旱的气候被秋雨一扫而空。诗人的心情也得到了滋润，就像春天一样充满生机。"千里难穷处，向谁问钓台"是说，小西天的美景绵延千里，一时间难以全部欣赏到，不知道应该向谁去问那钓鱼的地方在哪里。最后两句写出了诗人的意犹未尽，甚至让人感到诗人像孩童般活泼调皮。

登小西天最高顶

[清] 宋永清

春来梅柳斗芳菲，
散步清溪到翠微。
怪石枯藤迷野径，
残枝败叶拥禅扉。
踏开觉路香生履，
振落天花色染衣。

更上一层回首处，
故山遥望寸心违。

■■解读■■

宋永清，清康熙四十三年（1704）以汉军正红旗监生任凤山知县。擅长诗作，善察民情，颇有政绩。与上两首诗只写沿途亮丽景色，抒发诗人乐观积极的生活态度不同，宋永清《登小西天最高顶》写的景是怪奇之景，抒发的情感是"悲"的，诗歌隐藏着一股淡淡的哀愁在其中。首联"春来梅柳斗芳菲，散步清溪到翠微"也是交代写作时间，"春来"二字说明诗歌写于初春。春天到来，梅花、柳树争相开放，诗人沿着小溪散步，走到了"小西天"所在的山上。"怪石枯藤迷野径，残枝败叶拥禅扉。踏开觉路香生履，振落天花色染衣"四句两两对仗工整，"怪石枯藤"和"残枝败叶"营造了一种禅文化独特的韵味，而"香生履"和"色染衣"使用了倒装的手法。这四句是说，一路上看

到各种各样奇怪的石头和枯藤，差点连去往山顶的路都忘记了，最终在残枝败叶之间看到了小西天的寺院；诗人找到了通往佛家寺院的道路，连脚上的鞋都有了香味，而从天上落下的花朵，也将衣裳染上了颜色。"更上一层回首处，故山遥望寸心违"是说走到最高处，回首来路，才发现和当初想要去的地方不一样了。其中，"更上一层回首处"化用了王之涣《登鹳雀楼》中"欲穷千里目，更上一层楼"一句。最后两句使用了隐喻的修辞手法，点明主旨，指出诗人回想仕途，虽然渐渐身居高位，但是违背了自己当初的心意。整首诗借景抒情，表达了诗人的理想难以实现的失望之情。

扩展 | KUOZHAN

◆ 隰县金梨

隰县金梨以个大味美、肉厚汁多、营养丰富而闻名全省，特别是隰县的"晋蜜梨"，皮薄肉多、含糖量高、口味清甜，还有清肺润喉的作用。由于地理位置的优越性，隰县很适宜梨树的生长。每年三月梨花盛开的时节，人们又能够欣赏像雪景一般的梨花，别有一番情致。

由于隰县没有任何工业污染，因此，当地的金梨完全是绿色无污染的水果产品。用隰县金梨加工制成的金梨汁，也非常有名。1999年，隰县被命名为"中国金梨之乡"。

◆ 隰县苹果

隰县还是著名的苹果生产基地，其出产的"红富士"肉质细密，酸甜适中，耐储运，享有"隰州红"的美誉，因而受到市场的青睐。同样，隰县种植的苹果也是没有受到污染的绿色水果。

此外，隰县还有陡坡鹿茸、人参等特产，不仅营养丰富，而且物美价廉。

霍州观音庙

简介 | JIANJIE

  霍州观音庙位于临汾霍州市赵家庄村，是集儒、释、道为一体的典型的综合性的寺庙建筑，于2006年5月被定为第六批国家级文物保护单位。

  观音庙是一座坐北朝南的大院，其建筑物总体上由东西两条平行线构成，其中东线有山门、牌楼、武仪厅、玉皇殿、东房、东配殿、土地殿、文昌阁，西线有过街阁楼、戏台、过厅、正殿（观音殿）、土地殿、财神殿、伙房、西厦，共计16个建筑物。从其整体布局来看，观音庙是一座典型的正方形庙宇，符合传统的对称理念，建筑风格也显得十分庄严肃穆。庙院南北总长47米，东西宽43米，占地面积2021平方米。

  庙内塑像在历史变迁中基本损毁，因此，信众们于1995年集资重塑了观音菩萨、眼光菩萨、送子菩萨、药师佛、关圣帝君、玉皇大帝、利市仙宫、东海龙王、土地公、土地婆、文昌帝君等塑像，1998年又雕刻汉白玉观音菩萨像一尊。

引文 | YINWEN

咏柳
[唐]韩偓

裹雨拖风不自持，
全身无力向人垂。
玉纤折得遥相赠，
便似观音手里时。

■■解读■■

韩偓，字致光，号致尧，小字冬郎，号玉山樵人，晚唐大臣、诗人，翰林学士韩仪之弟，"南安四贤"之一。韩偓这首《咏柳》主要是写柳树的窈窕身姿，观音的意象只是作为辅助的手段来表达诗人对亲友的思念之情。前两句"裹雨拖风不自持，全身无力向人垂"使用了拟人的手法，是说在春雨绵绵时节，柳树随着微风轻轻摆动，难以维持自己的形态；柳枝斜着向路人倾垂，好像浑身

没有力气似的。"玉纤折得遥相赠"一句使用了比喻的修辞手法，说翠绿的柳枝十分纤细，就像玉石一般；"我"不禁折下一枝来，想要赠送给身在远方的朋友（或将要去往远方的朋友）。这一句隐含了中国古代"折柳相赠"的习俗。在古代，朋友或亲人要去往远方时，人们都会折柳相赠来寄托相思之情。后来，人们在思念亲友时，也会折柳以表达相思。最后一句"便似观音手里时"是说诗人折下的柳枝就像观音玉净瓶里的柳枝一样珍贵，代表着诗人对亲友深深的思念之情。

众所周知，在中国古代的传说中，观音菩萨手中托着一只净瓶，瓶中插着柳枝。其手中的柳枝可以消灾治病，而净瓶中的甘露可以为人们带来幸福。千百年来，观音菩萨的形象已经与柳枝、净瓶不可分割，这既是

观音救苦救难、慈悲为怀的象征，也是其普度众生的法宝。要更多地了解观音菩萨，就不能不阅读中国四大名著之一《西游记》，其中有许多观音菩萨帮世人尤其是唐僧师徒消灾解厄的片段。

《西游记》第二十六回《孙悟空三岛求方 观世音甘泉活树》（节选）

这行者就端肃尊诚，与大神到了紫竹林里，参拜菩萨。菩萨道："悟空，唐僧行到何处也？"行者道："行到西牛贺洲万寿山了。"菩萨道："那万寿山有座五庄观，镇元大仙你曾会么么？"行者顿首道："因是在五庄观，弟子不识镇元大仙，毁伤了他的人参果树，冲撞了他，他就困滞了我师父，不得前进。"那菩萨情知，怪道："你这泼猴，不知好歹！他那人参果树，乃天开地辟的灵根。镇元子乃地仙之祖，我也让他三分，你怎么就打伤他树！"行者再拜道："弟子实是不知。那一日，他不在家，只有两个仙童，候待我等。是猪悟能晓得他有果子，要一个尝新，弟子委偷了他三个，兄弟们分吃了。那童子知觉，骂我等无已，是弟子发怒，遂将他树推倒。他次日回来赶上，将我等一袖子笼去，绳绑鞭怞，拷打了一日。我等当夜走脱，又被他赶上，依然笼了。三番两次，其实难逃，已允了与他医树。却才自海上求方，遍游三岛，众神仙都没有本事。弟子因此志心朝礼，特拜告菩萨，伏望慈悯，俯赐一方，以救唐僧早早西去。"菩萨道："你怎么不早来见我，却往岛上去寻找？"行者闻得此言，心中暗喜道："造化了！造化了！菩萨一定

有方也！"他又上前恳求，菩萨道："我这净瓶底的甘露水，善治得仙树灵苗。"行者道："可曾经验过么？"菩萨道："经验过的。"行者问："有何经验？"菩萨道："当年太上老君曾与我赌胜：他把我的杨柳枝拔了去，放在炼丹炉里，炙得焦干，送来还我。是我拿了插在瓶中，一昼夜，复得青枝绿叶，与旧相同。"行者笑道："真造化了！真造化了！烘焦了的尚能医活，况此推倒的，有何难哉！"菩萨吩咐大众："看守林中，我去去来。"遂手托净瓶，白鹦哥前边巧啭，孙大圣随后相从。有诗为证，诗曰：玉毫金象世难论，正是慈悲救苦尊。过去劫逢无垢佛，至今成得有为身。几生欲海澄清浪，一片心田绝点尘。甘露久经真妙法，管教宝树永长春。

▊▊解读▊▊

《西游记》是中国古代第一部浪漫主义章回体长篇神魔小说，为中国古典四大名著之一。作者吴承恩，字汝忠，号射阳居士，又称射阳山人，明代文学家。这个片段是说孙悟空捣毁镇元大仙的人参果树，师徒四人被困。孙悟空没有办法，最终只好去找观音菩萨帮忙。观音菩萨稍加批评，便同孙悟空前去。观音菩萨"将杨柳枝细细洒上，口中又念着经咒。不多时，洒净那舀出之水，只见那树果然依旧青枝绿叶浓郁阴森，上有二十三个人参果"。观音菩萨法力无边，稍施法术，就能使人参果树起死回生，而其手中的法器净瓶和柳枝更是相辅相成，缺一不可。

唐僧师徒四人在取经路上遭遇重重阻碍，遇到各种妖魔鬼怪，有很多次都是观音菩

萨出面帮忙，才能顺利解困。而观音菩萨慈悲为怀，有心教化普度，却从不夺取妖怪性命。比如收服小白龙、黑熊精、红孩儿等事件，观音菩萨都重在教化他们，给他们机会改过从善。得益于观音菩萨的点化，他们才能去除妖怪的身份，最终得道成仙。而一开始的取经之路，孙悟空烈性未除，不服管教，观音菩萨便教给唐僧紧箍咒，以便对其进行约束，这也是为了帮助孙悟空去除心魔，皈依佛道。这些事件都体现了观音菩萨大慈大悲、普度众生的大爱情怀。

嗅花观音图
[明]唐寅

拈花微笑破檀唇，
悟得尘埃色身相。
办取星冠与霞帔，

天台明月礼仙真。

■■解读■■

唐寅，字伯虎，明朝著名画家、书法家、诗人。唐寅的这首七言绝句，主要借欣赏观音嗅花图，体悟佛家色相说。

前两句"拈花微笑破檀唇，悟得尘埃色身相"是说观音菩萨手拈花朵嗅闻，轻轻微笑，早已悟得世间一切不过尘埃色相。这两句借用佛家"拈花微笑"的典故，说明观音菩萨早已悟道，看破一切。

"办取星冠与霞帔，天台明月礼仙真"是说悟道之后，我们就能以星为冠，以霞为帔，飞上天去做神仙。这两句想象奇特，境界开阔，颇有与天地自然融为一体之感。整首诗从实物，即《嗅花观音图》出发，以诗人奇妙的想象力作为结束，一实一虚的对比，正好契合佛家"世间事物都是梦幻"的真谛。

扩展 | KUOZHAN

◆饸饹面

饸饹面是中国北方的一种传统面食，制作时使用一种专门的工具，将荞麦面团、高粱面团挤压成长条，然后煮着吃。饸饹面制作简单，口感又筋道爽滑，因此非常受北方人民的喜爱。

◆碗坨子

碗坨子又称碗托，也是用荞麦面制成，因其制成后保留了碗的形状而得名。碗坨子清凉下火，口感很不错。

◆登高馍

登高馍主要是在每年春节期间制作的馒头，特点是圆形面团中加入红枣，制作成层层叠叠的形状，寓意步步登高、事业有成。

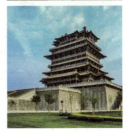

03 运城

舜帝陵 盐湖
历山 大禹渡 解州关帝庙
鹳雀楼 普救寺
永乐宫 司马温公祠
五老峰

舜帝陵

简介 | **JIANJIE**

　　舜帝陵位于运城市西北的鸣条岗上, 是国家AAAA级景区、全国重点文物保护单位、全国首批旅游文化示范地。

　　舜帝陵景区占地约1.2平方千米, 分舜帝公园、盐湖区博物馆、舜帝陵庙三大部分。

　　舜帝公园适合居民、游客日常游玩。

　　盐湖区博物馆是一座地方综合性博物馆, 馆址位于舜帝陵景区中部。博物馆内的馆藏文物以青铜器、陶器、瓷器、玉器等最有价值, 馆内设有"盐湖之光——盐湖区历史文物陈列""虞舜文化专题展览""历代书画艺术馆"等陈列馆。馆内历史文化艺术陈列与舜帝陵景区自然风光交相辉映。

舜帝陵庙是舜帝陵景区的核心景区，始建于唐代开元二十六年（738），后在战争、地震中多次损毁又得到重建。陵庙坐北向南，分为外城、陵区、皇城三部分。重华门以南是外城，自南向北依次为石牌坊、重华桥、娥皇桥、女英桥、护城河、古柏广场、舜歌南风座像、柏林等。重华门以内就是陵区，进门可见一座砖砌的方形陵墓，高3米，陵上有数千年历史的五指神柏。陵前嵌有石碑，上面刻着"有虞帝舜陵"；旁边立着一块石碣，刻着"有虞氏陵"几个字。陵区后面，也就是北面，是皇城，又称"离乐城"。皇城外有拱形城门，内有戏楼、卷棚、献殿、正殿、寝宫、廊房及钟楼、鼓楼等建筑。主建筑正殿建造于台基之上，殿内有一座舜帝泥塑坐像，神态庄严，栩栩如生。

舜帝陵景区集历史、文化、园林、娱乐、旅游为一体，是人们寻根祭祖、陶冶情操、度假放松的绝佳场所。

引文 | YINWEN

《史记·五帝本纪》（节选）

[西汉] 司马迁

天下明德皆自虞帝始。

舜年二十以孝闻，年三十尧举之，年五十摄行天子事，年五十八尧崩，年六十一代尧践帝位。践帝位三十九年，南巡狩，崩于苍梧之野。葬于江南九嶷，是为零陵。舜之践帝位，载天子旗，往朝父瞽叟，夔夔唯谨，如子道。封弟象为诸侯。舜子商均亦不肖，舜乃豫荐禹于天。十七年而崩。

■■解读■■

《史记》是中国历史上第一部纪传体通史，被鲁迅誉为"史家之绝唱，无韵之《离骚》"。作者司马迁为西汉史学家、文学家、思想家，被后世尊称为史迁、太史公、历史之父。《史记》中的这段话主要讲述了舜帝的生平，歌颂了舜帝讲孝顺、重德行、举贤任能、教化万民的高尚品德。这段话的意思是：天下开始讲究德行，都从虞舜开始的。舜二十岁的时候就因为孝顺而闻名，三十岁的时候被尧任用，五十岁的时候就代尧行天子之事，五十八岁的时候尧去世，六十一岁的时候登上帝位。舜登上帝位后过了三十九年，到南方巡狩，死于长满了梧桐树的野外。舜死后被葬在长江之南的九嶷山，他的陵墓被称为零陵。舜登上帝位之后，车上插着天子的旗，去拜见父亲瞽叟，态度恭恭敬敬，不敢大意，完全是人子对待父母的态度。他还封弟弟象为诸侯。舜的儿子商均没有贤能，于是舜推荐禹代行天子之政。十七年后，舜才死去。

舜帝以德化人、以仁感人、以诚待人，《尚书》中也说："德自舜明。"可见，舜的品德在后世一直为人所敬仰。

南风歌

[五帝] 舜

南风之薰兮，
可以解吾民之愠兮。
南风之时兮，
可以阜吾民之财兮。

■■ 解读 ■■

舜，传说中父系氏族社会后期部落联

盟领袖。姚姓，一作妫姓，号有虞氏，名重华，史称"虞舜"，"三皇五帝"之一。相传，《南风歌》为舜帝所作。这首诗诗节对称，重章迭唱，不仅富有音律美，而且语义明朗，情感曼妙。因此，有学者认为，在舜的时代人们是写不出这样的诗的，有可能在代代相传的过程中，经过了后人的加工和润色，才成为现在的样子。

整首诗只有四句，但是内涵丰富，抒

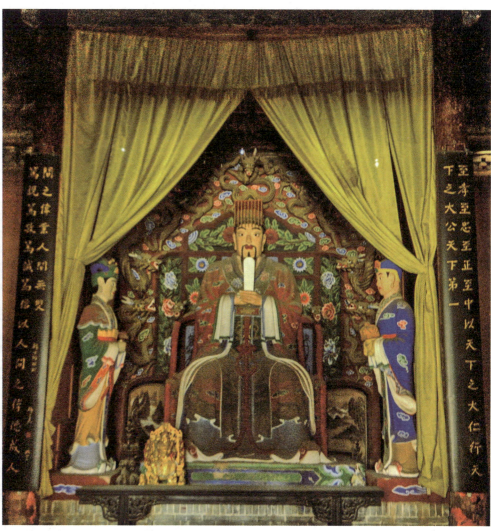

发了诗人对"南风"既赞美又祈盼的感情。"南风之薰兮,可以解吾民之愠兮"是说南风吹来阵阵清香,可以缓解我的百姓的烦躁。上古时候,灾患频发,人们常会因遭到天灾而怨声载道。诗人希望南风可以吹来阵阵清香,安慰百姓的怨气。"南风之时兮,可以阜吾民之财兮"是说只要南风按时到来,便能使我的百姓的财富越来越多。第二句接上句的意思,诗人希望南风可以按时吹

来,风调雨顺,以保证这一年的收成。只有这样,百姓们才能积累越来越多的财富。其实,诗人对"南风"的赞颂和祈盼,也正反映了人类面对大自然的渺小和无力。生于上古时期的人类,只能依靠天时收获庄稼,人为努力在当时起到的作用还不明显。诗人热烈的歌颂中,潜藏着忧郁无奈的心情。

后来,经过儒家诗人、诗评家的阐释和应用,"南风"这一意象逐渐用来指代帝

王体恤百姓，"南风"也逐渐成为古诗中最具歌颂色彩的意象之一。

鉴古韵语五十九首·其三·虞舜帝

[明]孙承恩

克尽为君道，无如帝有虞。
执中遵圣轨，大智秉谦虚。
端拱雍容日，时巡治理馀。
典谟焕千古，彷佛见都俞。

■■解读■■

孙承恩，明朝礼部尚书。孙承恩的这首诗是组诗中的第三首，主要是歌颂舜帝的美好品德，以此来劝诫皇帝向虞舜学习。

"克尽为君道，无如帝有虞"是说历代皇帝中，要说起恪尽职守、遵循为君之道的，没有一个比得上虞舜帝。"执中遵圣轨，大智秉谦虚"是说身为皇帝，应该不偏不倚，遵从圣人的规范；还应该谦虚谨慎，才算拥有大的智慧。"端拱雍容日，时巡治理馀"也是劝诫皇帝平时要勤于朝政，经常巡察地方治理，切莫荒废。最后两句"典谟焕千古，彷佛见都俞"是说只有这样，那些经典古籍才能发挥它的价值，而君臣之间才能和谐。

这首诗明白晓畅、音韵和谐，其中用词讲究，可以学习，但整体来看只是一首普通的劝诫诗，艺术价值并不算很高。

扩展 | KUOZHAN

◆ 湘妃竹

相传尧舜时代，湖南九嶷山上有九条恶龙，经常到湘江戏水玩乐，以致洪水暴涨，民不聊生。为了帮助百姓，舜决定到南方除掉恶龙。舜帝的两个妃子娥皇、女英，是尧帝的两个女儿，也非常支持他。但是，舜帝一走多年，再也没有回来。于是，她们决定到南方去寻找丈夫。等她们到达九嶷山时，却发现丈夫舜已经死去，于是悲痛万分，抱在一起痛哭起来。她们的眼泪，洒在了九嶷山的竹子上，将竹竿染出点点泪斑。泪斑粘在竹竿上，却再也擦不掉了，人们便把竹子称为"湘妃竹"。而中国古代四大名著之一的《红楼梦》也引用了这个典故，因为林黛玉爱哭，她的住处潇湘馆内又种满了竹子，所以贾探春给她起了一个外号叫"潇湘妃子"。

◆ 大禹屠龙

舜帝死后，娥皇女英在舜帝墓后发现了一个石匣子，上面刻着"舜封"的字样。她们让侍女将石匣捧回交给了禹王。禹王打开石匣，里面有封遗书，交代禹一定要除掉恶龙。大禹看完遗书，立即命令火神伯益布下天罗地网去捕恶龙。可惜恶龙躲在洞里，就是不肯出来。大禹便命令手下用火烧，大火烧了七天七夜，终于烧死了恶龙。

盐湖

简介｜JIANJIE

　　运城盐湖地处山西省运城市盐湖区城南，是世界三大硫酸钠型内陆盐湖之一。由于其盐含量接近中东的"死海"，人在水中可以漂浮起来，所以又被称为"中国死海"。中国死海·运城盐湖景区位于盐湖湖中心区域，属于国家AAAA级景区。

　　据考察，运城盐湖形成于新生纪第四代。由于一次大的造山运动的影响，运城盆地南部的中条山和北部的孤山、稷王山褶断上升，其他板块下沉，形成一个大面积的沉积洼地。大量含盐类的矿物质汇集在这里，经过长期的沉淀蒸发，形成了天然的盐湖。运城盐湖阡陌纵横，碧波荡漾，在太阳下银光闪闪，因此自古就有"银湖"之美称。运

城盐湖面积约132平方千米，已有四千多年的产盐历史。

运城盐湖景区依靠天然的盐湖资源，打造出"死海漂浮、黑泥养生、温泉水疗、矿盐理疗、盐雾清肺"等精品旅游项目，并结合现代养生新理念，研究开发出国内唯一的黑泥系列化妆品。此外，运城盐湖景区还制作出极具观赏价值和养生作用的死海特色盐雕、矿盐理疗袋等特色旅游纪念品，受到游客喜爱。

中国死海·运城盐湖景区是一个集华夏盐文化、休闲度假、健康养生于一体的旅游胜地。

盐池

[明]张士隆

何年幻出水晶宫，
百里盈盈入望中。
雪涌池头重缀白，
日烘波面浅浮红。
撷花聊假轻风力，
艺草休言煮海功。
怪诋奇形成斗颗，
剩劳鬼手与神功。

■■解读■■

张士隆，字仲修，号西渠，明朝弘治十八年（1505）进士，是明朝中叶一位学识渊博、办事认真的封建官吏。张士隆的诗通过描写诗人观赏盐池景色、欣赏工人制盐的经过，抒发了诗人对制盐工人高超技艺的赞叹之情。首两句"何年幻出水晶宫，百里盈盈入望中"是说在阳光的照耀下，盐池就像水晶宫一样闪闪发亮，隔着百里都能看得到。"雪涌池头重缀白，日烘波面浅浮红"对仗工整，意思是盐池边上的盐堆就像白雪从里面涌出来一样，太阳烘烤着大地，盐池的水面上也映出了浅浅的红色。"撷花聊假轻风力，艺草休言煮海功"是说那些在器皿上雕花的工匠也不用吹嘘自己的手艺高超了，只会在纸上画画草木的艺人根本不配评论煮海取盐的功夫。"怪诋奇形成斗颗，剩劳鬼手与神功"是说产盐工人的手艺真是鬼斧神工，也不知道怎么就制作出一颗一颗的盐粒。最后四句都是夸赞制盐工人的技艺高超，诗人对其赞叹不已。

看采盐

[明]喻时

料台开宿草,候馆匝层峦。
风出紫微洞,日浮白云滩。
万夫水上集,九夏雪中看。
谁是监临者,须知采者难!

■■解读■■

喻时,字中甫,号吴皋,明代漕运总督。同是描述观看采盐制盐的过程,喻时的《看采盐》比张士隆的诗多出了对于下层劳动人民的深切同情。

前两句"料台开宿草,候馆匝层峦"简单介绍诗人来到盐田,准备观看采盐的过程。"风出紫微洞,日浮白云滩"描述盐池景色,微风从紫微洞中吹出,太阳从白云滩中升起来。这里第一次使用比喻,先用"白云滩"来比喻盐田,因为云和盐都是白色的,且"滩"和"盐池"都属于水系的地点。诗人造句"日浮白云滩",既是因为这两个意象比较搭配,也为下一句酷暑炎热的天气做铺垫。"万夫水上集,九夏雪中看"是说在"九夏"酷暑的时节,数以万计的采盐工都集中到盐田之上;远远看去,他们就像在雪地中行走一样。这里再次使用比喻,用"雪"比喻盐田,与"九夏"酷热的天气形成对比,而且能够加重劳动者的辛苦程度。"谁是监临者,须知采者难",最后两句卒章显志,明白告诉读者采盐者的辛劳。"监临者"和"采者"分属统治阶级和被统治阶级,两相对比,让人生出无限同情。

盐池

[明]顾富

中条山下古盐池,
想象虞舜奏节时。
百里光莹天地宝,
万年转运国家资。
漫传蓬岛生珠树,
浪说蓝田种玉芝。
不是星轺巡历遍,
谁知造化此般奇。

■■解读■■

顾富,生平不详。这首诗主要描写了诗人遥望盐池的景色,生发出对祖国大好河山的赞叹之情。"中条山下古盐池",开头即点名诗歌写作地点,是在中条山下的盐池,也就是现在的运城盐湖。"想象虞舜奏节时"是说诗人来到盐池,不禁想象虞舜时期的盛景。因传说在舜帝的时代,人们就开始在这里开采盐田了,所以诗人情难自已,开始想象那个时候的盛大场面。"百里光莹天地宝,万年转运国家资"是说盐池有一百多平方千米,这完全是天地自然的造化,也是中国的宝贝,能使国家昌盛持续一万年。"漫传蓬岛生珠树,浪说蓝田种玉芝"对仗工整,使用了两个典故,一个是蓬莱仙岛的神话传说,一个是蓝田种出美玉的民间故事。"不是星轺巡历遍,谁知造化此般奇",最后两句使用反问:如果不是朝廷派来的使者游遍大江南北,谁能知道这里是如此神奇?整首诗在反问中结束,诗人的赞叹之情溢于言表。

历山

简介 | JIANJIE

　　垣曲历山风景区位于山西省垣曲县东南部的历山镇和古城镇，是历山国家级自然保护区、中条山国家森林公园的重要组成部分，国家AAAA级风景区，是山西省十大风景区之一。

　　历山风景区是舜帝故里，传承了古老的华夏文明，相传舜帝就是在这里耕种繁衍的。历山风景区还拥有国家九五重点水利工程黄河小浪底、华北地区保存最完整的原始森林、华北地区最大的人造水面以及最大的可观赏性亚高山草甸等。景区内山峰迭

起、森林茂盛、水源丰富,各种野生动植物多达2000种,仅国家一、二级保护种类就有300余种。因此,历山素有"华北动植物基因库"之称。

历山风景区由历山舜王坪、历山皇姑幔、历山猕猴源、黄河小浪底库区游览区组成,是山西省最大的自然生态旅游基地、山西省十佳旅游度假区和山西省18个核心景区之一。其中,舜王坪是历山第一高峰,海拔2358米,因"舜耕历山"而得名,主要景点有舜耕历山遗迹、舜王庙、舜王犁沟、南天门、斩龙台、沽漯汤坡等30余处。舜王坪顶部有亚高山草甸约3平方千米,因此有"云中草原""空中花园"之美誉。皇姑幔海拔2134米,为历山第二高峰,相传是舜帝二妃娥皇、女英生活起居的地方,因时常云雾迷漫、形若幔帐而得名。皇姑幔景色秀美,如诗如画,令人流连忘返。猕猴源是历山珍奇动植物科考基地,其内有千余只国家二级保护动物——中条猕猴,以及百十种珍贵的历山野生植物如连香树、山柏树等,西峡河是娃娃鱼的栖息地。

题历山舜祠（山有庙，呼为帝二子，多变妖异为时所敬）

［唐］杜荀鹤

昔舜曾耕地，遗风日寂寥。
世人那肯祭，大圣不兴妖。
殿宇秋霖坏，杉松野火烧。
时讹竞淫祀，丝竹醉山魈。

■■解读■■

杜荀鹤，字彦之，自号九华山人，晚唐著名的现实主义诗人。杜荀鹤的《题历山舜祠》是一首讽刺诗。从副标题"山有庙，呼为帝二子，多变妖异为时所敬"可以看出，这首诗是借由历山上的庙内供奉的圣人由舜变为其他妖异之人，讽刺唐末世风日下，舜帝时代的淳朴民风早已不见踪影。首联"昔舜曾耕地，遗风日寂寥"开宗明义，说明历山本是舜帝农耕传承之地，可惜往日遗风变得越来越淡。"世人那肯祭，大圣不兴妖"，这二句反问道：世人哪里肯来拜祭他呢？至圣先贤从来不愿意像妖怪一样迷惑众人。"殿宇秋霖坏，杉松野火烧"是说舜祠的殿宇因为秋雨的冲刷而毁坏，它周围的树木也被野火烧得残败不堪。这两句是形容历山上的舜祠因为无人打理而荒废许久了。"时讹竞淫祀，丝竹醉山魈"字面上的意思是说时下流行的祭祀根本不合法度，靡靡的丝竹之音只会让山上的妖怪沉醉。联合上下文的意思是说，当下的人们只热衷于祭拜妖怪，而不再祭拜舜帝这样的贤人。再进一步，其引申义也就是人们早已经忘记应当向先贤学习，在乱世之中忽略了人伦道德的修养。

济南张侯至大二年奉御香祷旱历山舜祠雨应是年十二月也

［元］宋褧

武皇斋祓祷重瞳，
近侍含香解蕴隆。
泺水气通云漠漠，
绣江波合雨濛濛。
螟蝗不待逢深雪，
牧守惟知问太空。
自古精诚多感格，
谁云野语出齐东。

■■解读■■

宋褧，字显夫，元代著名文人。从诗题来看，这是一首祭祀求雨的应制诗，主要讲述了至大二年（1309），元武宗前往历山舜祠求雨的过程。"武皇斋祓祷重瞳，近侍含香解蕴隆"是说元武宗斋戒沐浴，虔诚祷告舜帝；他身旁的侍卫点燃香火，以求消解干旱的天气。相传舜帝"目重瞳子"，即有两个瞳仁，这里用"重瞳"代指舜帝。"泺水气通云漠漠"是说皇帝的虔诚打动了上天，河水的水汽直通云霄，使天空云雾密布；"绣江波合雨濛濛"是说天空终于下起了雨，绣江的

波浪随着雨水翻滚，一片烟雨蒙蒙的景象。

"螟蝗不待逢深雪，牧守惟知问太空"是讲螟蝗这种毁坏庄稼的害虫，没等到冬天下雪就躲起来了；而州郡的长官也无法解释这些神奇的事情，只能解释为上天显灵了。"自古精诚多感格，谁云野语出齐东"是说自古以来心诚则灵、感动上天的故事不在少数，谁说民间的传说就不值得相信了呢？其中，"齐东野语"出自《孟子·万章上》，原本的意思是孟子认为民间的传说没有根据，听信不得，后用来比喻荒唐而没有根据的话。这里使用反问，意在强调皇帝的祷告是有用的。因为这是一首应制诗，是为皇帝歌功颂德而作，所以诗人的态度也就不奇怪了。

■■■解读■■■

清高宗爱新觉罗·弘历，清朝第六位皇帝，年号"乾隆"。这是清代乾隆皇帝写的一首诗，意思也晓畅明白，主要是说历山上的舜帝文化早已不见踪影，反而被佛家文化占据。"盘纡道与白云横，无限登临望古情"是说历山上的道路曲曲折折，远远望去都要和天上的白云连接起来了；诗人登上历山山巅，往远处望去，心中涌起无限的感慨。"可惜不传耕稼迹，却教千佛占山名"则说明当时的历山已经看不到舜帝耕种传世的踪迹，无数佛家塑像占据了它的山峰。这首诗表达了诗人对舜帝文化衰落的遗憾之情，与杜荀鹤的《题历山舜祠》有相似之处。

历山

[清]弘历

盘纡道与白云横，
无限登临望古情。
可惜不传耕稼迹，
却教千佛占山名。

首夏雨后过历山

[清]符兆纶

山涧过微雨，石路纤无尘。
麦气入初夏，余花犹恋春。
泠泠一泉落，屈曲山之根。
乘兴无近远，延沿穷其源。

山灵有真契，不厌我来频。
忘情友麋鹿，我本山中人。

登历山
[清]张尔庸

古帝躬耕处，千古迹已迷。
举头高山近，极目乱峰低。
花开闻幽径，泉水过远溪。
黄河遥入望，天际一虹霓。

■■■ 解读 ■■■

符兆纶，清代著名词人，字雪樵，号卓峰居士。张尔庸，清代诗人。符兆纶的《首夏雨后过历山》和张尔庸的《登历山》都描述了诗人登临历山的所见所闻，赞美了历山秀丽壮观的景色。

符兆纶的诗仿佛是用孩童的眼光去看历山，用顽皮的口吻讲述故事。前四句"山涧过微雨，石路纤无尘。麦气入初夏，余花犹恋春"，一派天真无邪、无忧无虑的样子，"纤无尘""花恋春"仿佛让人看到了山间小路上纤尘不染、野花盛开的美丽，"微雨""麦气"又让人仿佛闻到了阵阵清香，一下子把人带入了欢乐愉快的情境中。"乘兴无近远，延沿穷其源"说明诗人陶醉于美景之中，顾不上路途远近，只想沿着山路走到最高处。最后四句"山灵有真契，不厌我来频。忘情友麋鹿，我本山中人"不正是顽童的想法吗? 诗人认为，历山一定是有灵气的，它不会嫌我来的次数太频繁了; 而"我"本来就应该是这山里的人，连山中的麋鹿都和"我"成为朋友了。

张尔庸的诗稍显拘谨，但全诗对仗工整，韵律和谐，艺术造诣更高。首联"古帝躬耕处，千古迹已迷"交代诗歌写作的地点为舜帝曾经耕地传世之处，此句不需要特别解释。后面四句"举头高山近，极目乱峰低。花开闻幽径，泉水过远溪"两两对仗，简短几句就将历山峰峦叠嶂、瀑泉相接、花草遍布的特点描写出来。而最后两句"黄河遥入望，天际一虹霓"是点睛之笔，颇有李白"疑是银河落九天"的风采。

扩展 | KUOZHAN

◆ **垣曲猴头**

猴头属于野生真菌植物，寄生于中条山原始森林中的古树上。猴头新鲜的时是白色的，风干以后就变成淡褐色。因其表面长满了针刺，很像猴子的毛，形状又很像猴子的脑袋，所以人们给它取名叫"猴头"。猴头味道鲜美、营养丰富，可以食用或入药。

◆ **垣曲猕猴桃**

猕猴桃含有丰富的维生素和多种矿物质，吃起来酸甜可口，令人回味。垣曲猕猴桃个头大、味道好，皮薄汁多，是猕猴桃中的精品。

大禹渡

山西省运城市大禹渡黄河风景游览区位于山西省南大门的芮城县县城东南12千米的黄河岸边，占地面积约4.5平方千米，为国家AAAA级旅游景区。

大禹渡具有悠久的历史和丰富的传说，文化底蕴深厚，素有"黄河明珠""北国江南"之称。大禹渡又名神柏峪，考古发现，其古遗址属于龙山文化，是人类早期活动的兴盛之地。

据史料记载，公元前2100年左右，黄河流域洪水泛滥，百姓生活难以为继，舜帝命大禹前去治水。传说，大禹连续治水十几年，三过家门而不入，最终取得成功。后人为了纪念大禹的功德，就把大禹治水出发的地方称为"大禹渡"。

据芮城县志和《尚书》《禹贡》等史料记载，大禹渡不仅是大禹治水的主要活动之地，而且是大禹建立夏朝后，连接西北、中原的重要古贡赋水道，是夏族向中原扩张和发展的主要通道，留有许多大禹治水时历史遗迹和碑刻遗存。

改革开放以来，当地政府对景区进行了全方位的规划和项目建设，除了古典的人文景区之外，现代游乐设施和生态旅游区域也非常值得一去。

大禹渡黄河风景游览区的人文景观有被称为"万里黄河第一庙"的禹王大殿、大禹像、定河神母雕塑、巨石天书、大型动态观音像和重建的唐代状元桥等。

现代游乐设施有新建的水上乐园，里面有许多水上项目，如黄河游气垫飞船项目，又称"水上飞机"，水陆两用，以及连接大禹渡状元岭至对面河南滩涂地的跨黄河滑翔飞艇项目。

大禹渡黄河风景游览区生态环境优越，有包括水潭、溪水、汀步等瀑布景观；有种植着成千上万的桑树、漫山遍野的薰衣草、牡丹、玫瑰的多功能花草果品基地园等。

总而言之，大禹渡是一处融合黄河文化、大禹文化、佛教文化、现代水利文化为一体的黄河风景游览区。

《山海经·海内经》（节选）

洪水滔天，鲧窃帝之息壤以堙洪水，不待帝命。帝令祝融杀鲧于羽郊。鲧复生禹，帝乃命禹卒布土，以定九州。

■■解读■■

《山海经》本身是一本记载了中国古代神话故事的奇书，因此其中关于大禹治水的故事具有神话色彩，体现了中国古代人民丰富的想象力。

整个故事大致如下：上古时候，洪水滔天，鲧违抗了天帝的命令，偷了天帝的"息壤"来堵塞洪水。"息壤"是一种神奇的土壤，可以自己生长，只需要取一小块投向大地，就可以逐渐生长，堆积成山。因为鲧违抗了天帝的命令，所以天帝派祝融在羽山的附近杀死了他。神奇的是，鲧的肚子里生出了禹，天帝就命令禹率领部下布施土壤，治理洪水。于是，九州大地就得到了安定。

《山海经》中对大禹治水的记载只有短短几句，共四十多字，却富有神奇的浪漫主义色彩，令人印象深刻。

《庄子·天下》（节选）

墨子称道曰："昔禹之湮洪水，决江河而通四夷九州也。名川三百，支川三千，小者无数。禹亲自操橐耜而九杂天下之川。腓无胈，胫无毛，沐甚雨，栉疾风，置万国。禹大圣也，而形劳天下也如此。"

■■解读■■

《庄子》中对于大禹治水的描述主要是从墨子口中说出的，其目的是为了教育墨家子弟向大禹学习吃苦耐劳的精神。这段话主要是说大禹治理洪水的时候亲力亲为，大的河流三百多条，小的支流三千多条，他都亲自拿着挖土的器具劳作，把腿上的汗毛都磨光了。大禹栉风沐雨，不辞辛苦，最终才使国家得到安定。墨子感慨大禹为了天下如此劳苦，因此告诫门下弟子要学习他艰苦朴素的作风。

《孟子·滕文公上》（节选）

当尧之时，天下犹未平；洪水横流，泛滥于天下；草木畅茂，禽兽繁殖，五谷不登；禽兽逼人，兽蹄鸟迹之道，交于中国。尧独忧之，举舜而敷治焉。舜使益掌火，益烈山泽而焚之，禽兽逃匿。禹疏九河，瀹济、漯，而注诸海；决汝、汉，排淮、泗，而注之江。然后中国可得而食也。当是时也，禹八年于外，三过其门而不入；虽欲耕，得乎？后稷教民稼穑，树艺五谷，五谷熟而民人育。人之有道也；饱食暖衣，逸居而无教，则近于禽兽；圣人有忧之，使契为司徒，教以人伦：父子有亲，君臣有义，夫妇有别，长幼有序，朋友有信。

■■解读■■

孟子，名轲，字子舆，战国时期哲学家、

思想家、教育家，是孔子之后、荀子之前的儒家学派的代表人物，与孔子并称"孔孟"。《孟子·滕文公上》这段文字主要讲述了尧、舜、禹征服自然灾害，后稷教百姓耕种，契教育百姓人伦的过程。他们为了人类的福祉披肝沥胆、尽心尽力，最终使得天下安定。选文除了讲述大禹挖掘河道、疏通水利之外，还加入了大禹"三过家门而不入"的情节，意在歌颂其无私的奉献精神。

这段话的主要意思是：尧的那个年代，天下还没有平定；洪水肆虐，到处泛滥；草木虽然长得茂盛，但是让猛兽得到大量繁殖，而粮食却没有好的收成，使得人们缺少食物。野兽大量繁殖，威胁人类的生存，中国大地上到处都是鸟兽的足迹。尧心里十分担忧，于是选拔出舜来治理。舜让益掌管火，益想到办法，就放了一把大火，焚烧山野的草木，使得野兽害怕得躲了起来。舜又派禹疏通河道，将济水、漯水引入海中，挖通汝水、汉水，排开淮河、泗水的堵塞，使它们流入长江。因此，人们才能够耕种并收获粮食。那个时候，禹在外奔波八年，多次经过家门口都没有进去。再后来，后稷教人们耕种的技巧，解决了百姓的粮食问题，人们才有精力去思考教育问题。人应该讲道德，吃饱穿暖之后，如果不思进取，那和禽兽就没有什么分别。圣人感到担忧，于是让契担任司徒，使他们懂得人伦。

孟子是儒家代表，他的主要思想就是"仁、义、善"，这些思想特质正符合尧、舜、禹等上述先贤的优秀品质。因此他列举这些先贤的事迹，主要是为了宣扬儒家思想，教导百姓做人的道理，其主旨便是最后一句话："父子有亲，君臣有义，夫妇有别，长幼有序，朋友有信。"意思是说父子之间要讲亲情，君臣之间要有礼义，夫妇之间要有所分别，长幼之间要有次序，交朋友要讲诚信等。

◆石子馍

石子馍起源于西周, 原名"燔黍", 是将黍米放到烧热的石头上面火烤, 直至熟透可以食用。石子馍的主要原料有白面、脂油、茴香等, 形状有方、圆两种, 吃起来酥脆可口, 十分独特。

◆成村小磨香油

成村小磨香油是芮城县南卫乡吕长有家根据祖传的配方制作而成的, 因其油质透亮、红中带黄、香味浓郁, 被当地百姓誉为"一滴香"。

解州关帝庙

简介 | JIANJIE

解州关帝庙景区是全国重点文物保护单位、国家AAAA级旅游景区,位于山西运城市解州镇西关。

解州关帝庙为武庙之祖,总面积22万平方米,共有殿宇百余间,是现存规模最大的宫殿式道教建筑群和武庙,被誉为"关庙之祖""武庙之冠"。庙内悬挂有康熙御笔"义炳乾坤"、乾隆钦定"神勇"、咸丰御书"万世人极"、慈禧太后亲书"威灵震叠"等匾额。

解州关帝庙以一条东西向的街道为分界,分为正庙和结义园两部分。

街北是正庙,正庙又分横、纵两条线。纵线是主轴线,由前院和后宫两部分构成:前院由北往南是照壁、端门、雉门、午门、山海钟灵坊、御书楼和崇宁殿,两侧是钟鼓楼、"大义参天"坊、"精忠贯日"坊、追风伯祠;后宫以"气肃千秋"坊、春秋楼为中心,两侧是刀楼、印楼。横线分为东、中、西三院:东院有崇圣祠、三清殿、祝公祠、葆元宫、飨圣宫和东花园;西院有长寿宫、永寿宫、余庆宫、歆圣宫、道正司、汇善司和西花园等。

街南是结义园,由结义坊、君子亭、三义阁等建筑组成。

关公代表了中国传统文化中的"忠、义、仁、勇"等优秀品质,关公文化几千年来长盛不衰,有着鲜明的中国特色。目前,"关公信俗"已被列入国家级非物质文化遗产名录,"关公文化节"被评为中国十大人物类节庆活动之一。2012年,"关圣文化建筑群"被列入中国世界文化遗产预备名单。

关羽祠送高员外还荆州

[唐]郎士元

将军秉天姿，义勇冠今昔。
走马百战场，一剑万人敌。
谁为感恩者，竟是思归客。
流落荆巫间，徘徊故乡隔。
离筵对祠宇，洒酒暮天碧。
去去勿复言，衔悲向陈迹。

■■解读■■

郎士元，字君胄，唐代诗人。郎士元的《关羽祠送高员外还荆州》是一首写于关羽

祠的送别诗，诗人借歌颂关公英勇神武的事迹，抒发诗人对友人流落异乡的伤感之情。首两句"将军秉天姿，义勇冠今昔"直接将关羽"义""勇"的美好品质点了出来。这两句是说关羽将军天赋异禀，他的仁义忠勇是古往今来都很少见的。"走马百战场，一剑万人敌"说关羽骑着马，经历了大大小小百余个战场；他一个人就可以抵挡万名敌军。这两句诗使用了夸张的艺术手法，也是重在夸赞关羽的英勇。"谁为感恩者，竟是思归客"，使用了自问自答方式，先问谁会感恩，再答竟然是思乡情切的归客。"流落荆

巫间,徘徊故乡隔"是说友人高员外流落在荆州、四川一带,想要回到家乡却没有办法。

"离筵对祠宇,洒酒暮天碧",诗人在关羽祠设宴送别友人,向着暮色沉沉的天空洒上一杯酒。"去去勿复言,衔悲向陈迹",朋友即将远去,什么话也不必说了,只有对着关羽祠,内心怀着悲伤。整首诗以关羽的英勇事迹开头,以送别友人的悲伤结尾,情绪跨度较大,是一首托物言志之诗。

咏史下·关羽四首
[宋]陈普

其一
巴山汉水本兴刘,
诸葛才华备赞留。
但得关髯师广武,
北州韩信在南州。

其二
寝席杯羹几载同,
不知玄德访隆中。
吕蒙陆逊诚奸贼,
消为孙登作妇翁。

其三
北人更欲生关羽,
犹倚糜芳信士仁。
曹操雄心怀白马,
董昭空自弄精神。

其四
羽血未干蒙陨命,
蒙妻正哭妾分香。
天地有心诛汉贼,

但迟数月取襄阳。

■■解读■■

陈普,字尚德,号惧斋,世称石堂先生,南宋著名教育家、理学家,其铸刻漏壶为世界最早钟表之雏形。宋代陈普的《咏史下·关羽四首》是组诗,共有四首,包含了大量的历史典故,主要也是歌颂关羽"忠、义、仁、勇"的优秀品质。

其一的首两句"巴山汉水本兴刘,诸葛才华备赞留"先说"巴山""汉水"的地域优势本来就对刘姓江山有利,而诸葛亮的才华也受到刘备的肯定和赞扬。这两句是先写蜀国的地理优势和政治优势,由此来引出关羽的优势所在。"但得关髯师广武,北州韩信在南州"是说,仅仅依靠关羽带兵打仗的能力,就像得到了韩信这位优秀的军事家一样,夺取天下是迟早的事。后两句将关羽的能力比肩韩信,道出了诗人写作此诗真正的目的,那就是:地理上的优势和智谋上的优势相比于关羽这名优秀的将领来说,都不值一提了。

组诗其二表达了诗人鲜明的情感取向,好恶分明。诗人不满于刘备去拜访诸葛亮,也将设计打败关羽的吕蒙、陆逊称为"奸贼"。首两句"寝席杯羹几载同,不知玄德访隆中"是说关羽和刘备结拜为兄弟,几年来同吃同住;但是刘备却要去隆中拜访诸葛亮,请诸葛亮帮自己建立蜀汉。这里的"不知"应是诗人的虚构,为了对比刘备的虚伪和关羽的"义"。后两句"吕蒙陆逊诚奸贼,消为孙登作妇翁",也很明白易懂,是说吕蒙和陆逊两个人都是惯会使计要诈

的奸贼，就差给孙登当岳丈了。这首诗明确表达了诗人对刘备、吕蒙和陆逊的反感与厌恶，有点过于情绪化，且对历史进行了一定的虚构。

其三的首两句"北人更欲生关羽，犹倚糜芳信士仁"是说北方人更喜欢关羽这样忠勇仁义的英雄，像糜芳那样的不讲信用的人都会遭到人们的鄙视。"曹操雄心怀白马，董昭空自弄精神"讲曹操雄心壮志想要夺得白马（今河南滑县东北），需要靠关羽帮忙才能成功，而董昭只有白费精神了。这首诗也是使用了几处对比，以糜芳、董昭来衬托关羽的英勇，与第二首诗有异曲同工之妙。

组诗其四总结全篇，因此主要写关羽死后的一些事。"羽血未干蒙陨命"是说关羽的血还没有干，吕蒙也死去了，也就是说关羽死后不久，吕蒙也病死了。"蒙妻正哭妾分香"的意思是吕蒙的妻子正在悲伤地痛苦，他还对自己的妾念念不忘。"分香"是比喻人临死念念不忘妻儿，这里是讽刺吕蒙三心二意。"天地有心诛汉贼，但迟数月取襄阳"是说天地有心诛灭那些盗取汉室江山的贼寇，那么蜀汉要夺取襄阳不过是晚几个月的事。

这四首组诗情感浓烈、好恶分明，表达了诗人对关羽的喜爱，也抒发了诗人对忠、勇、仁、义等优秀品质的赞扬。

扩展 | KUOZHAN

◆解州王剑羊肉泡

　　解州王剑羊肉泡总店位于山西省运城市解州镇,注册成立于1989年,连锁分店30余家,被誉为"老字号"。解州王剑羊肉泡用人工养殖的肥嫩羊肉为主要原料,辅以各种鲜香浓郁的调料制成,用千层饼配食,味道纯正。解州地区的羊肉泡做法独特,受到人们的广泛喜爱。

◆古炮射击乐园

　　古炮射击乐园位于解州关帝祖庙关帝御园西南角文化长廊西侧,占地500平方米。该游乐园项目有古炮射击、古式射箭等项目。古炮、古箭项目在保证合法、安全的情况下,让游客们体验到三国时期的古战场,具有趣味性和娱乐性,深受广大游客的喜爱。

鹳雀楼

鹳雀楼为国家AAAA级旅游景区，是省级爱国主义教育基地。

鹳雀楼，又名鹳鹊楼，因经常有鹳雀栖居其上而得名，位于山西省永济市蒲州古城西郊外的黄河岸畔。唐代诗人王之涣写有诗歌《登鹳雀楼》："白日依山尽，黄河入海流。欲穷千里目，更上一层楼。"这首五言绝句不仅使王之涣名留千古，而且使鹳雀楼名扬天下，有"中华名楼，黄河明珠"的美誉。

鹳雀楼始建于北周时期，大约在公元557年至571年，原为一座军事戍楼，后于元代初年毁于战火，直到1997年得以第一次重修，于2002年9月正式对游人开放。

整个景区占地面积2.064平方千米，以鹳雀楼为中心，呈"四区十二点"的布局结构。其中，四区为名楼浏览区、黄河风情浏览区、山水浏览区和康乐浏览区。名楼浏览区又包括门殿、鹳影湖、唐韵广场和名楼中心浏览区，黄河风情浏览区包括蒲州风情园、黄河风情馆和柳园，山水浏览区包括苍山苍林自然景观区、吉祥如意湖和鹳雀苑，康乐浏览区包括蒲津康乐园、唐代马球场和日潭戏水园。

鹳雀楼主楼坐落在高大的台基上，台基呈长方形，东西长83米，南北宽72米，周长共310米。主楼高57.4米，整个楼体总高度为73.9米，总建筑面积为33206平方米，总重量为57000吨。新修的鹳雀楼采用唐代油漆彩画装饰，为四檐三层的仿唐式建筑，楼内空间共六层。第一层展示主题为"千古绝唱"，主要介绍王之涣和《登鹳雀楼》，这是鹳雀楼的主要内容和价值所在；第二层展示主题为"源远流长"，主要表现河东五千年文明史和独特的根祖文化；第三层展示主题是"亘古文明"，主要表现中华民族上古时期用火、制盐、冶铁、酿酒等文明史；第四层，展示主题原为"旷世盛举"，现更名为"鉴古察今"，主要利用声、光、电等高科技3D影像技术，用清晰的逻辑将鹳雀楼的来龙去脉、沧桑变迁展现于游客眼前；第五层展示主题是"风雅诗书"，展示内容以诗歌为核心，使游客能够了解到永济在诗歌历史上的地位，及鹳雀楼与诗歌在历史上相辅相成的关联；第六层展示主题是"极目千里"，游客可以登临最高层，极目远眺，以体验祖国的大好河山。

景区以鹳雀楼独特的人文底蕴和厚重的黄河文化为根基，以盛唐文化为包装，以地域文化为特色，以弘扬爱国主义为主题，以"欲穷千里目，更上一层楼"的磅礴气势为主旋律，形成"上下五千年，放眼看世界"的高远意境，成为国内外游人观光、浏览、休闲、度假的国家级旅游景区。

鹳雀楼是黄河流域上一颗璀璨的明珠，更是中华民族文化和民族精神的象征，吸引了历代名流登临写诗作赋。其中，唐代留下的诗篇最为有名，现摘取几首。

登鹳雀楼

[唐] 王之涣

白日依山尽，黄河入海流。
欲穷千里目，更上一层楼。

■■解读■■

王之涣，字季凌（一作季凌，一作季陵），唐朝诗人。王之涣精于文章，善于写诗，多被引为歌词。这首五言绝句虽然短小，全诗只有二十字，却有极为磅礴壮丽的气势和意境。前两句对仗工整，"白日"对"黄河"，"依山尽"对"入海流"，写诗人眼前所见。虽然所用字词都非常简单，连在一起却构成了极为宏阔的意境。后两句"欲穷千里目，更上一层楼"则表达了诗人积极进取的探索精神，反映了盛唐昂扬向上的整体风貌。后两句诗千百年来常常被后人引用，借以表达自己的雄心抱负，也表达了人们对中华民族能够"更上一层楼"的美好愿望。

清代诗评家认为："王诗短短二十字，前

十字大意已尽，后十字有尺幅千里之势。"当代学者也认为，这首诗是唐代五言诗的压卷之作。

可见，王之涣因这首五言绝句而名垂千古，鹳雀楼也因此诗而名扬中华。

登鹳雀楼

[唐]畅当

迥临飞鸟上，高出世尘间。
天势围平野，河流入断山。

■■解读■■

畅当，生卒年不详，唐后期儒士，官宦世家，畅璀之子。前两句"迥临飞鸟上，高出世尘间"写诗人登临鹳雀楼，楼甚至比远处的飞鸟还要高，忽而生发了自身已经超出尘世间的超脱之感。后两句承接上句，"天势围平野，河流入断山"是说天空好像要将平原围住，但是黄河冲破天地的围困，从断山流出，意境宏大，极富气势。综观全诗，不难看出诗人不愿与世俗同流合污的高洁品性。诗人怀才不遇，又自视清高，胸中有一股难以抒发的激情。在登临鹳雀楼时，诗人触景生情，因而这股激情迸发而出。这首诗也是五言绝句，诗歌意境非常壮阔，是描写鹳雀楼非常有名的作品之一。沈括称赞这诗和王之涣诗都"能状其景"（《梦溪笔谈》），沈德潜《唐诗别裁》评价："不减王之涣作。"

同崔邠登鹳雀楼

[唐]李益

鹳雀楼西百尺樯，
汀洲云树共茫茫。
汉家箫鼓空流水，
魏国山河半夕阳。
事去千年犹恨速，
愁来一日即为长。
风烟并起思归望，
远目非春亦自伤。

■■解读■■

李益，字君虞，唐代诗人。李益以边
塞诗作出名，擅长绝句，尤其是七言绝句。

这首诗开头四句写诗人傍晚登临鹳雀楼，
远眺所见引起诗人对现实和历史的感叹。
诗人起头两句便写鹳雀楼西边有百尺桅
樯，汀洲上高耸入云的树木一片茫茫，气势
不凡，形成一种居高临下、先声夺人之感。
"鹳雀楼西百尺樯"写站得高，"汀洲云树
共茫茫"则写看得远，苍茫大地遂引起登
览者抚今追昔之叹。"汉家箫鼓空流水，魏
国山河半夕阳"，隐喻唐王朝已然显露出衰
败的迹象，繁华景象不过"流水""夕阳"，
转头成空。后四句转而抒发诗人思归的愁
绪。"事去千年犹恨速，愁来一日即为长"
一句以时光的飞速流逝和忧愁的缠绵不绝
形成对比，突出诗人的"愁"，从而顺利过

渡到下文的"思归"。最后两句"风烟并起思归望，远目非春亦自伤"是说风烟之中不禁开始思念家乡，极目远望已经不是春天的景象，令人感伤不已。

《梦溪笔谈》中曾指出，唐人在鹳雀楼所留下的诗中，"惟李益、王之涣、畅当三篇，能状其景"。可见，这三首诗在所有描写鹳雀楼的诗歌中，具有十分重要的地位。

扩展 | KUOZHAN

◆永济水果

永济酥梨和苹果多汁适口，且有芳香，是水果中的佳品；特早熟杏果肉金黄，酸甜适宜，是山西省上市最早的水果，产品远销到北京、广东、内蒙古、四川等地。

◆永济蔬菜

双孢菇色泽洁白，质地脆嫩，味道鲜美，营养价值和药用价值非常高；脆枣结实率较强，进入结果期早，较丰产；尖椒22号味道极辣，适合用来鲜食或做酱。

◆张营米醋

张营米醋工艺独特，创始于明末清初，有三百多年的历史，产品以酸、香、绵誉满河东，是烹饪之佳品。

◆桑落酒

桑落酒是我国传统的历史名酒，据文献记载："北魏，河东郡多流离，谓之徙民。民有姓刘名白堕者，宿擅工酿，采挹河流，酿成芳酎，悬食同枯枝之年，排干桑落之辰，故酒得其名，最佳酎矣。"

普救寺

简介 | JIANJIE

　　永济普救寺旅游区是国家AAAA级旅游景区，山西省十佳旅游景点，位于山西省西南永济市蒲州古城东3千米的峨嵋塬头上。《西厢记》中张生和崔莺莺的爱情故事就发生在普救寺中，寺内舍利塔也因为这个故事太过有名而俗称"莺莺塔"。

　　普救寺始建于唐武则天时期，原名西永清院，是一座佛教十方禅院。从1986年以来，普救寺经过修复，以全新的面貌向游客开放。修复过的普救寺分为上中下三层台，共有东、中、西三条轴线（西轴为唐代，中轴为宋金两代，东轴为明清形制）。从前到后，东轴线上的建筑有前门、僧舍、枯木堂、正法堂、斋堂、香积厨等；中轴线上的建筑有天王殿、菩萨洞、弥陀殿、罗汉堂、十王堂、藏经阁等；西轴线上的建筑有大钟楼、塔院回廊、莺莺塔、大雄宝殿等。

　　莺莺塔结构奇特，工艺精湛，具有特殊的回音效应。这个回音效应被人们称为"普救蟾声"，因为只要游客在塔西以下轻轻敲击，就能听到从塔上传来"咯哇！咯哇！"的蛙鸣声。由于这个回音效果，莺莺塔和北京天坛的回音壁、河南三门峡宝轮寺塔、四川

潼南县大佛寺的"石磴琴声"并称为中国四大回音建筑。一些专家甚至将莺莺塔与缅甸掸邦的摇头塔、摩洛哥马拉克斯的香塔、匈牙利索尔诺克的音乐塔、法国巴黎的钟塔、意大利的比萨斜塔并誉为世界六大奇塔。

引文 | YINWEN

《崔莺莺待月西厢记》
第二本·第一折（节选）

[旦引红娘上云]自见了张生，神魂荡

漾，情思不快，茶饭少进。早是离人伤感，况值暮春天道，好烦恼人也呵！好句有情怜夜月，落花无语怨东风。

[仙吕][八声甘州]恹恹瘦损，早是伤

神, 那值残春。罗衣宽褪, 能消几度黄昏? 风袅篆烟不卷帘, 雨打梨花深闭门; 无语凭阑干, 目断行云。

[混江龙] 落红成阵, 风飘万点正愁人, 池塘梦晓, 阑槛辞春; 蝶粉轻沾飞絮雪, 燕泥香惹落花尘; 系春心情短柳丝长, 隔花阴人远天涯近。香消了六朝金粉, 清减了三楚精神。

[红云] 姐姐情思不快, 我将被儿薰得香香的, 睡些儿。[旦唱]

[油葫芦] 翠被生寒压绣裀, 休将兰麝薰; 便将兰麝薰尽, 则索自温存。昨宵个锦囊佳制明勾引, 今日玉堂人物难亲近。这些时坐又不安, 睡又不稳, 我欲待登临又不快, 闲行又闷。每日价情思睡昏昏。

[天下乐] 红娘呵, 我则索搭伏定鲛绡枕头儿上盹。但出闺门, 影儿般不离身。[红云] 不干红娘事, 老夫人着我跟着姐姐来。[旦云] 俺娘也好没意思! 这些时直恁般提防着人; 小梅香伏侍得勤, 老夫人拘束得紧,

则怕俺女孩儿折了气分。

[红云]姐姐往常不曾如此无情无绪；自见了那张生，便觉心事不宁，却是如何？[旦唱]

[那吒令]往常但见个外人，氲的早嗔；但见个客人，厌的倒褪；从见了那人，兜的便亲。想着他昨夜诗，依前韵，酬和得清新。

[鹊踏枝]吟得句儿匀，念得字儿真，咏月新诗，煞强似织锦回文。谁肯把针儿将线引，向东邻通个殷勤。

[寄生草]想着文章士，旖旎人；他脸儿清秀身儿俊，性儿温克情儿顺，不由人口儿里作念心儿里印。学得来"一天星斗焕文章"，不枉了"十年窗下无人问"。

[飞虎领兵上围寺科][下][卒子内高叫云]寺里人听者：限你每三日内将莺莺献出来与俺将军成亲，万事干休。三日后不送出，伽蓝尽皆焚烧，僧俗寸斩，不留一个。[夫人、洁同上敲门科][红看了云]姐姐，夫人和长老都在房门前。[旦见科][夫人云]孩儿，你知道么？如今孙飞虎将半万贼兵围住寺门，道你"眉黛青颦，莲脸生春，似倾国倾城的太真"，要掳你做压寨夫人。孩儿，怎生是了也？[旦唱]

……

[青歌儿]母亲，都做了莺莺生怨，对旁人一言难尽。母亲，休爱惜莺莺这一身。您孩儿别有一计：不拣何人，建立功勋，杀退贼军，扫荡妖氛；倒陪家门，情愿与英雄结婚姻，成秦晋。

[夫人云]此计较可。虽然不是门当户对，也强如陷于贼中。长老在法堂上高叫："两廊僧俗，但有退兵之策的，倒陪房奁，断送莺莺与他为妻。"[洁叫了，住][末鼓掌上云]我有退兵之策，何不问我？[见夫人科][洁云]这秀才便是前日带追荐的秀才。[夫人云]计将安在？[末云]"重赏之下，必有勇夫；赏罚若明，其计必成。"[旦背云]只愿这生退了贼者。[夫人云]恰才与长老说下，但有退得贼兵的，将小姐与他为妻。[末云]即是恁的，休唬了我浑家，请入卧房里去，俺自有退兵之策。[夫人云]小姐和红娘回去者！[旦对红云]难得此生这一片好心！

[赚煞]诸僧众各逃生，众家眷谁瞅问，这生不相识横枝儿着紧。非是书生多议论，也堤防着玉石俱焚。虽然是不关亲，可怜见命在逡巡，济不济权将秀才来尽。果若有《出师表》文吓蛮书信，张生呵，则愿你笔尖儿横扫了五千人。

■■解读■■

王实甫，名德信，元代著名杂剧作家，与关汉卿、白朴、马致远齐名。《崔莺莺待月西厢记》是元代王实甫创作的杂剧，简称《西厢记》，又称《王西厢》《北西厢》。《崔莺莺待月西厢记》在唐传奇《莺莺传》和金代戏曲《西厢记诸宫调》的基础上进行修改，丰富了故事情节，完善了人物形象，将艺术上的造诣提升到了更高的层次。

全剧叙写了书生张生（张君瑞）与相国小姐崔莺莺在婢女红娘的帮助下，冲破孙飞虎、崔母、郑恒等人的重重阻挠，终成眷属的故事。上文节选片段主要讲述了崔莺莺及母亲、红娘暂住在普救寺内，崔遇到张生并暗生情愫。而守卫蒲津桥的将领孙飞虎听说崔莺莺有"倾国倾城之容",便起了贪心,想霸占她为妻。崔莺莺的母亲惶恐不安,赶紧找女儿商量。崔向母亲献计,只要有人能将孙飞虎击退,就允许她嫁给此人。老夫人迫于无奈,只有答应了这个计策。而这正合张生之意,他写信请同窗好友白马将军击退了孙飞虎。

这一选段将几位重要人物的性格特征描写得活灵活现。孙飞虎仗着自己有五千人马,就以权谋私,抢夺民财;他还色欲熏心,试图霸占崔莺莺为妻,是剧中的头号反面人物。老夫人,也就是崔莺莺的母亲,崇尚门第观念,认为两家结亲应当讲究门当户对,所以心里不赞同崔莺莺和张生的婚事。崔莺莺出身名门,受到封建礼教的严重束缚,但是她内心抵挡不住对爱情的渴望;碍于自己的贵族身份,她不能自由表达爱情,因而感到苦恼。红娘活泼大胆,不仅敢于向小姐崔莺莺顶嘴,还敢直接提起崔对张的感情;为了帮助崔莺莺和张生有情人终成眷属,她还主动帮忙,为他们扫除障碍。

除了张生和崔莺莺冲破封建礼教、大胆追求爱情的思想内涵之外,《崔莺莺待月西厢记》的唱词也极富诗意,艺术价值极高。比如选段中的唱词《混江龙》是写崔莺莺的相思之"愁",用词极为讲究,富含诗意。其中,"落红成阵,风飘万点"用词新颖,将女主人公纷乱复杂的内心外化出来;"蝶粉轻沾飞絮雪,燕泥香惹落花尘"将花粉比喻为飞雪,精巧细腻;"系春心情短柳丝长,隔花阴人远天涯近"抒情大胆,将崔莺莺内心对于爱情的渴望表达了出来;"香消了六朝金粉,清减了三楚精神"是说女主人公因为思念情郎而日渐消瘦、精神萎靡。类似的唱词在全剧中比比皆是,可见王实甫的文学功底十分深厚。

扩展 | KUOZHAN

◆蒲州青柿

　　蒲州栽培柿树历史悠久，素有"柿乡"之称，当地柿子品种丰富多样，其中以青柿最佳。 蒲州青柿个大而扁，颜色橙黄，且皮薄无籽，肉细汁多，吃起来味美甘甜。由蒲州青柿加工制成的柿饼，饼霜厚、味道浓，质地绵软，深受广大消费者的喜爱。1981年，蒲州青柿参加巴拿马"万国博览会"，获得一等金盘奖。

永乐宫

简介 | JIANJIE

　　永乐宫因故址在永乐镇而命名，又名大纯阳万寿宫，是全国重点文物保护单位、国家AAAA级旅游景区。永乐宫原址位于山西省芮城县永乐镇招贤村，现址位于芮城县城北3千米的龙泉村东侧。永乐宫历史悠久，建筑奇特，堪称"全国现存最大的道教宫观"。

　　现存的永乐宫主要建筑为一门三殿：一门为龙虎殿，也就是无极门；三殿为三清殿、纯阳殿、重阳殿。其主要布局为由南向北依次排列着宫门、无极门、三清殿、纯阳殿和重阳殿。其中，三清殿又称无极殿，是永乐宫的主殿，供奉道教元始天尊、灵宝天尊、太上老君，合称为"三清"。重阳殿供奉着道教全真派首领王重阳及其弟子"七真人"，殿内壁画以连环画的形式画出了王重阳从降生到得道度化"七真人"成道的故事。纯阳殿，又名混成殿、吕祖殿，供奉着吕洞宾的塑像，殿内壁画也以连环画的形式画出了吕洞宾得道成仙、普救世人和游戏人间的故事。

　　永乐宫的壁画布满了几座大殿的墙壁，总面积达960平方米。永乐宫内的壁画技艺高超、栩栩如生，令人叹为观止，是我国古代绘画艺术的瑰宝。

引文 | YINWEN

宿永乐宫

[明]张佳胤

其一

税驾南山麓，投宿永乐宫。

地偏云下榻，殿古夜垂虹。

旧里真人后，浮生过客中。

相约华表鹤，来往太行东。

其二

老柏知何代，残碑不问年。

斗牛行画壁，枕簟出飞泉。

玉检神霄秘，金宫绛节悬。

石坛中夜月，吾欲采婵娟。

其三

扶筇探胜迹，深为碧云停。

河势周遭见，峰阴表里青。

鼎湖看袅袅，函谷接冥冥。

方丈蓬壶外，无如此地灵。

其四

两年瘦案牍，一日卧云林。

琼草随人折，山花遗砌深。

眼前皆大药，身外是华簪。

独怪遗荣者，难忘婚嫁心。

■■解读■■

张佳胤是明代文学家，他在仕途浮浮沉沉，常因遭到贬谪而颠沛流离。嘉靖四十三年（1564），张佳胤曾出任蒲州知府一年多，《宿永乐宫》就是写于这一时期的组诗，共四首。组诗描写了诗人住在永乐宫的所见所感，充满了凄苦悲凉的氛围，通过对道家文化的渲染，表达了诗人对身体病痛渐渐加深的无奈。

组诗其一的首联交代写作地点，"税驾南山麓，投宿永乐宫"即诗人驾着马车来到山脚下，投宿在永乐宫。"地偏云下榻，殿古夜垂虹"对仗工整，是说永乐宫所在的山位置偏远，就连白云路过，也要在这里住上一晚；而永乐宫中的宫殿古色古香，连夜空都要搭一座虹桥来欣赏。"旧里真人后，浮生过客中"是讲这古老的宫殿也有真人的后人来继承，而"我"这一生却要颠沛流离，在路途中度过。这两句隐隐表达了诗人对于自己命运多舛的感慨，为下文做铺垫。最后两句"相约华表鹤，来往太行东"是说诗人想要相约很久不见的友人，一起去太行山东边游玩。

组诗其二的首联"老柏知何代，残碑不问年"是说在永乐宫中有一棵年老的柏树，已经计算不清它的年龄；那残破的石碑，也让人不忍心去问是哪一年建立的。这首诗开头两句就营造了悲凉的氛围，一"老"一"残"让读者不禁联想到诗人已然年老，身体更是孱弱。后面四句主要写永乐

宫壁画上的内容，"斗牛行画壁，枕簟出飞泉"是说壁画上画满了星宿（"斗牛"可指星宿，也可指神兽），仙人们乘着枕席，从峭壁上喷泉中飞出。"玉检神霄秘，金宫绛节悬"描述了天上的宫殿隐藏在重重云雾之间，仙君手中所持的仪仗悬挂在宫殿上。壁画上的神奇景象令使人暂时忘却了自身的悲苦，沉浸在神仙世界的玄妙之中。"石坛中夜月，吾欲采婵娟"一改诗作开头凄凉的氛围，诗人振作精神，想要像神仙一样，将天上的月亮摘下来。

组诗其三一扫前两首诗的阴霾，以相对轻松的心情描述了永乐宫周遭的景色。"扶筇探胜迹，深为碧云停"是说诗人拄着拐杖去探访名胜古迹，走到山顶，快接触到天上的云时才停下来。"河势周遭见，峰阴表里青"描述了山的四周可见大大小小的河流，而山峰的颜色也是一片青色。"鼎湖看袅袅，函谷接冥冥"讲诗人在山顶看到湖面升起了袅袅烟雾，而山谷的下面则是一片昏暗，看不清楚。最后两句"方丈蓬壶外，无

如此地灵"是说除了那神仙住的地方，人间再也没有比这个地方更加具有灵气的了。

组诗其四承接其三，继续讲述永乐宫周围的美丽景色。诗人在永乐宫中借住，被道家文化吸引，深感富贵如浮云，只有身体的健康才是最重要的。首联"两年瘦案牍，一日卧云林"是说诗人两年来都在忙于公务，只有这一天才能在山林之间短暂地休息。"琼草随人折，山花遗砌深"是说山中的野花野草到处都是，可以随人采摘。"眼前皆大药，身外是华簪"，只可惜诗人的身体已经久病，眼中只有药材，这时他才明白所谓的官职不过是身外之物。"独怪遗荣者，难忘婚嫁心"是责怪自己忘不了世俗的欲望，才导致身体一日不如一日。

题永乐宫银杏树

[清]吴霞

鸭脚高盘玉涧西，
花开花落岁难稽。

传闻旧是仙人宅，
月夜常来野鹤栖。

登永乐二仙楼

[清]孙亿

逍遥散客愁，尽日倚高楼。
烟火千家晚，荻芦一水秋。
野田喧鸟雀，陇阪下羊牛。
乘兴不归去，前溪待月游。

■■■解读■■■

吴霞，字天绮，贡生。孙亿，生平不详。相比张佳胤的四首组诗，吴霞的《题永乐宫银杏树》和孙亿的《登永乐二仙楼》整体基调都是轻松愉快的，别有一番山水之间的乐趣。两首诗通过描写永乐宫周围的自然景物，抒发了诗人对大自然的热爱之情。稍有不同的是，吴霞的诗带有一定的道家意蕴，讲述了"花开花落自有时"的朴素道理；而孙亿的诗烟火气息更浓，富有田间生活的趣味。

扩展 | KUOZHAN

◆芮城麻片

芮城麻片于明末清初就开始生产，以甜、香、酥、脆而闻名，1979年被选入"山西省八大名食"。芮城麻片薄如纸张，颜色透明，吃起来酥脆香甜，且夏天也不粘连，可以存放很久。

◆阳城卤肉

阳城卤肉具有肉质鲜美、肥而不腻、存放时间久等特点，被地方政府授予"地方名吃""山西一绝"等称号。饼夹卤肉是当地人们非常爱吃的食物。

◆泡泡油糕

泡泡油糕表皮是面粉制作的，馅是用白糖、黄桂、玫瑰、桃仁、熟面等拌成的。表皮裹馅后经油炸，吃起来外脆里嫩、皮香馅甜，被誉为"晋南食品一朵鲜花"。

司马温公祠

简介 | JIANJIE

司马温公祠位于夏县水头镇小晁村北，是祭祀我国北宋著名的政治家、史学家司马光的圣地，为国家AAAA级旅游景区。

司马光是运城市夏县人，为宋代宰相，有幼时"砸缸救童"的故事。司马光是我国历史上著名的政治家和史学家，著有在中国史学史上占有重要地位的伟大著作《资治通鉴》，死后归枢故里，并赠封为温国公。

司马温公祠分为墓地、祠堂、余庆禅院三大部分。司马光本人及先祖均归葬于此。

祠堂前是一座富有现代气息的广场，中间竖着一座高大的司马光铜像，前面左右两侧分别是司马光砸缸和司马光疾书的铜像。

祠堂迎面是五间"杏花碑"亭，上面雕刻着司马光的生平故事。

景区内有碑楼，存放着许多历代石碑，极为珍贵。余庆禅院内供奉彩塑金妆大佛三尊，并配有书院、菩萨等。

司马光好学
[宋] 朱熹

司马温公幼时，患记问不若人。群居讲习，众兄弟既成诵，游息矣；独下帷绝编，迨能倍诵乃止。用力多者收功远，其所精诵，乃终身不忘也。温公尝言："书不可不成诵。或在马上，或中夜不寝时，咏其文，思其义，所得多矣。"（选自朱熹编辑的《三朝名臣言行录》）

■■解读■■

朱熹，字元晦，又字仲晦，号晦庵，晚称晦翁，中国南宋时期理学家、思想家、哲学家、教育家、诗人。这段引文是宋代儒学大家朱熹所写，主要记录司马光好学的故事。因为司马光死后被封为温国公，因此文中称呼他为司马温公，而后世也多以"司马温公"称呼。

这段文字的意思是：司马光年幼的时候，总是担心自己的记忆力不如别人。同学们聚在一起学习讨论的时候，其他的同学都能背出来了，就去别的地方休息或玩耍了；只有他留下来刻苦学习，直到能背诵为止。因为他读书下的功夫比别人多，所以收获也更多。他能背诵下来的书，终生都不会忘记。司马光曾经说："要想读懂书中的道理，就不能不去背诵。当你骑马的时候，或者半夜睡不着觉的时候，多去诵读诵读文章，思考思考其中的意思，就能有非常多的收获。"

朱熹的这段文字借司马光幼时学习的轶事，教育我们要下苦功，多读书、勤思考。只有这样，所学的知识才能终身受用。

这段文字中使用了"下帷""绝编"两个典故。前者指汉代董仲舒下帷讲学，三年不看窗外事；后者指"韦编三绝"，即孔子勤读《易经》，致使编联竹简的皮绳多次脱断。这两个词后来都代指刻苦学习、勤奋读书。

司马温公挽词四首
[宋] 苏辙

其一
白发三朝旧，青山一布衾。
封章留帝所，德泽在人心。
未起讴吟切，来归顾托深。
杨公不久住，天意定难忱。

其二
决策传贤际，危言变法初。
纷纷看往事，一一验遗书。
富贵终何有，清贫只自如。
西州不忍过，行哭便回车。

其三
区区非为己，恳恳欲忘生。
力尽心终在，身亡势亦成。
遗民抛剑戟，故老半公卿。
魏丙生前友，俱传汉相名。

其四
少年真狷浅，射策本粗疏。

司马光

欲广忠言地，先收众弃余。

流离见更化，邂逅捧除书。

赵孟终知厥，他人恐骂予。

■■**解读**■■

苏辙，字子由，一字同叔，晚号颍滨遗老，北宋时期官员、文学家，"唐宋八大家"之一。组诗四首都是在歌颂司马光刻苦学习、为国为民、不慕名利的高尚品德，艺术上多用典故、讲究对仗。

其一首联"白发三朝旧，青山一布裘"是说司马光历经三朝，白发苍苍，始终不忘老百姓。"封章留帝所，德泽在人心"承接上句，是说他坚持为民请命，百姓们也一直记得他的恩德。"未起讴吟切，来归顾托深"是讲他在人们还没起床的时候就已经开始读书了，回乡的时候也殷殷嘱托人们要好好读书。"杨公不久住，天意定难忺"是说如果他回来不多住一段时间，那么上天都不能答应。"杨公"是指杨筠松，他乘唐末之乱，把宫中所学风水之术带到民间，以自己所学知识帮助人们。后世因其帮助人们脱贫致富，因此称其为"杨救贫"。这里用"杨公"代指司马光，赞扬司马光乐于助人的美好品德。

组诗其二主要讲了司马光多次上书宋仁宗立嗣，又在变法之初不顾危险大胆进谏的故事，颂扬其不贪图富贵，一心只关心社稷民生的美好品德。"纷纷看往事，一一验遗书。富贵终何有，清贫只自如。"这四句对仗工整，用"纷纷"对"一一"，"往事"对"遗书"，"富贵"对"清贫"，以多少、贫富的对比让读者能够更加直观地了解司马光

的高贵品质。

其三使用了"魏丙"的典故，"魏丙"是汉代宰相魏相和丙吉的并称，这里代指忠臣名相。整首诗也是说司马光像"魏丙"一样匡扶社稷，最终得以流芳百世。

其四主要批判当时的年轻人心浮气躁，缺乏刻苦努力的精神。首两句"少年真狷浅，射策本粗疏"是说少年终归见识浅薄，就算应试的时候写的文章都粗糙马虎。"欲广忠言地，先收众弃余"是劝告那时的年轻人应该多听听逆耳忠言，收起自己的傲慢。"流离见更化，邂逅捧除书"，只有听得进劝告，勤奋刻苦，最终才能登上朝堂，为君主所用。"赵孟终知厥，他人恐骂予"是说要懂得悔改，否则只会留给后世骂名。"赵孟"是春秋时期人们对晋国赵氏历代宗主的尊称，这里指荒废社稷的少年君主。

组诗四首欲抑先扬，前三首赞颂司马光的高尚品行，最后一首讽刺当时年轻人不肯努力，劝诫尚年轻的君主要及时改过，以免留下骂名。

咏史下·司马温公

[宋]陈普

矩步规行范古今，

山樵野牧共讴吟。

荷衣兰佩通身是，

却看离骚不入心。

■■**解读**■■

陈普，字尚德，号惧斋，世称石堂先

生，南宋著名教育家、理学家。陈普的这首诗是一首讽刺诗，讽刺人们只知道学习司马光刻苦读书，却没有真正理解文章所传达的意思。"矩步规行范古今，山樵野牧共讴吟"是说司马光规行矩步，是古今的典范，山野中的樵夫和牧民都一起歌颂他的德行。前两句反话正说，表面上是歌颂司马光正直不阿，实际上是讽刺他不懂变通，过于死板。"荷衣兰佩通身是，却看离骚不入心"的意思是，就算人们满身佩戴着芳香的花草，也未能真正理解《离骚》的意义。后两句借用屈原《离骚》中"兰佩荷衣"的意象，讽刺人们只知道人云亦云，反而没有自己的见解和看法。

扩展 | KUOZHAN

◆夏县板栗

夏县板栗以野生为主，营养价值较高。夏县板栗水分少，出粉率高，因此剥皮比较容易，吃起来肉质细腻，味道绵甜。

◆泗交黑木耳

泗交黑木耳是山西省运城市夏县特产，新鲜时质地粉嫩，胶质丰富；晒干后腹面平滑，易于保存。泗交黑木耳含有丰富的营养，吃起来富有嚼劲，口感清脆。

除此之外，夏县还有特产祁家河柿饼及山西小酥肉等。

五老峰

五老峰风景名胜区位于山西省永济市东南部，地处晋、秦、豫三省交会之处。五老峰风景名胜区法定保护面积200平方千米，主景区面积30平方千米，是国家AAAA级旅游景区。

五老峰原名为五老山，因古代有五老在这里为帝王传授河图和洛书，所以叫五老山。五老峰是河洛文化早期的传播地和北方道教全真派的发祥地之一，《云笈七签》卷二十七《洞天福地部》中称之为"道家天下第六十二福地"，民间有"晋北拜佛五台山，晋南问道五老峰"及"东华山"之说。

五老峰由玉柱峰、太乙峰、棋盘峰、东锦屏峰和西锦屏峰五座主峰构成，共有名泉9处、名洞12处、名峰36座，观庵庙宇也多达数十处。

其中，玉柱峰是五老峰的主峰，又名"云峰""灵峰"，海拔1809.3米。玉柱峰峰势险要，景观神奇，像一根柱子直通云霄，因此被称誉为"天下奇峰"。

太乙峰是五老峰的北峰，海拔1400米，是景区道教文化的核心。太乙峰上有多处

道教庙宇，如五老祠（灵峰观）、祖师庙、何仙姑庙、关爷庙、斗母庙、诸葛亮洞等。

棋盘峰是五老峰的西峰，位于太乙峰西侧，海拔1400米。峰上有云峰阁宾馆、老母殿、二仙弈棋台、吕洞宾传道处等建筑。其中，二仙弈棋台雕塑有巨大的棋盘，非常有趣。

东锦屏峰海拔1689.1米，由多个山峰组成，峰中有莲花玉洞、八仙洞、药师洞、明眼洞、水仙洞、韩疑义洞、仙人洞、莲花台、加官台等，其景观有太祖观书、猿人观魏、三官赐福、金鸡望月、观音渡东海。

西锦屏峰海拔1566.6米，峰阴有张果洞，亦号韩峰，峰东有韩群洞、罗通微真人洞。

五老峰有三种旅游线路，可以满足不同游客的需求：游客如果为了方便快捷可以乘坐索道上山，如果想要强身健体可以爬台阶登山，如果想要轻松休闲可以从锦绣谷沿水游山。

引文 | YINWEN

题五老峰下费君书院

［唐］杨巨源

解向花间栽碧松，
门前不负老人峰。
已将心事随身隐，
认得溪云第几重。

■■解读■■

杨巨源，唐代诗人，字景山，后改名巨济。杨巨源的《题五老峰下费君书院》有唐代山水田园诗的韵味，隐含着诗人归隐山林，不问世事的理想追求。该诗题目交代了诗歌写作地点，乃五老峰下的费君书院。前两句"解向花间栽碧松，门前不负老人峰"是说诗人在花丛中间栽了一棵松树，因此解释道，这是为了不辜负门前的五老峰。"老人峰"即五老峰，诗人在书院便可望见五

老峰，因此栽上一棵树遥遥相望。"已将心事随身隐，认得溪云第几重"是说诗人已经将心事埋藏在心底，连那溪云飞到了天空第几重也分辨不出来了。整首诗读下来可以发现，诗人有点消极逃避的态度，虽然他不问世事，但他的满腹心事仍然没有得到解决。

送陈越之河中宁观

［宋］魏野

宁亲高堂舜井西，
欲辞东合思依依。
三台筵上飞觞送，
五老峰前负米归。
莫叹贵无苏子印，
且怜荣有老莱衣。
旧书达少应投杼，

新集镈多肯断机。
红叶村坊临水迥，
黄花岐路入山微。
重阳虽近难留住，
把酒登高会又违。

■■解读■■

魏野，字仲先，号草堂居士，北宋诗人。魏野的《送陈越之河中宁观》应当是一首送别友人的赠别诗，看题目应当是写于友人陈越探亲之时。"河中"即现在的永济蒲州，与诗中的"五老峰"相吻合。诗歌多采用对仗，且多处用典，整体上有一种依依惜别的悲伤之感。首联"宁亲高堂舜井西，欲辞东合思依依"是说友人回家探望父母，不久便要别离，两人在东门处依依惜别。"宁亲"即省亲，指已出嫁的女子或在外地的子女回家探望父母。"东合"是指东向的小门，交代离别的地点。"三台筵上飞觞送，五老峰前负米归"是说诗人设宴款待友人，两人在筵席上把酒言欢；宴饮结束后，友人在五老峰前背着米回家。"莫叹贵无苏子印，且怜荣有老莱衣"是劝告友人不要过于重视富贵名利，应该多想想自己年老的父母，尽尽孝道。"苏子印"即苏秦游说六国，成为六国宰相，身上挂着六国相印的典故，这里用来代指功名利禄。"老莱衣"即老莱子"彩衣娱亲"的典故，这里是指要孝顺父母。后两句"旧书达少应投杼，新集镈多肯断机"也是劝友人要多多孝顺。"投杼"使用了"曾母投杼"的典故，是说流言可畏，劝友人切勿落下一个不孝顺的罪名；"断机"使用了"孟母断机"的典故，是提醒友人不要忘

记母亲的养育之恩。"红叶村坊临水迥，黄花岐路入山微"主要写景，"红叶"对"黄花"，色彩鲜明，也交代了时间是秋天。"重阳虽近难留住，把酒登高会又违"写了重阳节登高的习俗，表达了诗人对即将离去的友人的不舍。

五老峰
[宋]李纲

五峰秀出如五老，
须发苍然长美好。
问之不肯道姓字，
俨若子房从四皓。
商山采芝亦已久，
汉庭辟谷何其早。
优游相与定储皇，
携手江湖共幽讨。
化为峰石寄山巅，
下视尘寰真电扫。
衣冠想像犹伟然，
容貌至今初不槁。
祇应明月见当时，
间有白云来问道。
逝将筑室近峰前，
岁晚相依得相保。

■■解读■■

李纲，字伯纪，号梁溪先生，两宋之际抗金名臣，民族英雄。李纲能诗文，写有不少爱国篇章；亦能词，其咏史之作，形象鲜明生动，风格沉雄劲健。李纲的《五老峰》主要描写五老峰的故事和景色，与魏野的

《送陈越之河中宁观》一样，好采用对仗，并多处用典，从中可看出宋诗"以文为诗"和"重理趣"的特点。

前八句主要引用了张良与"商山四皓"的典故。"子房"即张良，"四皓"是指秦末汉初的四位著名学者。传说秦末有四位博学之士，因不满暴政而隐居商山，后经张良相请，才出山辅佐刘邦的儿子。这里借用"商山四皓"出山辅佐太子的典故，与五老为帝王传授《河图》《洛书》的典故相呼应。

"商山采芝"是指"四皓"隐居商山，采芝为食之事。"汉庭辟谷"是指张良以气代食，修炼道法的故事。这几个典故的使用，主要是为了赞叹五老峰的仙气和灵气，为下文做铺垫。后八句承接上文，主要写五老化为山峰屹立不倒，至今容貌不改；而诗人看到五老峰的秀丽，也想住在山峰附近，晚年有所保障。

五老歌

[明]杨博

晓披五老峰上云，
晚钓伍姓湖中鲤。
忽逢渔夫二三子，
问是伍姓谁家子？
自云无姓亦无名，
世代相传常钓此。
月落天昏驾小舟，
从来未见风波起。

得鱼心自安，无鱼心亦喜。

五老峰

[明]王世贞

前年踏雪匡庐过，
今年暮春游太和。
五峰老人如旧识，
不似当年白发多。

■■解读■■

杨博，字惟约，号虞坡，明朝名臣，被严世蕃称为"天下三才"之一。出入朝廷四十多年，始终以兵事著称。王世贞（1526—1590），字元美，号凤洲，又号弇（yǎn）州山人，明代文学家、史学家。

相比前几首诗歌，明代杨博的《五老歌》和王世贞的《五老峰》没有过多用典，也不掺杂托物言志之思，风格简洁明快，趣味盎然。

其中，前者讲述了诗人游历五老峰，偶遇渔夫在伍姓湖边钓鱼的故事。诗歌通过渔夫"自云无姓亦无名"的回答，及其"得鱼心自安，无鱼心亦喜"的心理状态，描摹了一幅闲适自然的美妙画卷。

后者则对比诗人冬、春两次游五老峰的经历，描述了五老峰的冲淡平和之气。"不似当年白发多"使用了拟人的手法，将五老峰比作老人，将冬天下雪时五老峰山顶的白雪比做五老的白发。整首诗读起来轻松愉悦、令人回味。

◆庙会文化

五老峰庙会兴盛于明清时期，一直延续至今，约有500年历史。每逢庙会，山上的寺庙就会举办各种活动，比如请戏班子来唱戏，请民间艺人来表演，还会举办迎神赛会，一派热闹繁华的景象。五老峰的庙会活动基本在每年农历七月初一到十五举办，现存明万历年木刻《条山玉柱晴峰图》、民国初年印制的《新绘山西虞乡县西南五老峰胜景全图》都描绘了当时的景象。

◆客运索道

五老峰客运索道全长1480米，落差555米，有"三晋第一索"的美誉。其索道技术先进，共有吊厢90个，乘坐24分钟便可到达道教文化中心太乙峰。游客乘坐索道时，沿途可以观赏到茶马古道，见证五老峰悠久的茶坊文化和已兴盛500年的朝山古庙会，还可以尽情地领略五老峰神奇壮丽的自然风光。